# 音楽に導かれて

滝沢美恵子

新潮社
図書編集室

目次

題字・カバー絵・本文 墨絵

滝沢美恵子（画号 星夜）

東京音楽学校　校章

東京音楽学校　甲種師範科

昭和十六年三月二十五日卒業

# 卒業生の備忘録

# 東京音楽学校学生時代

私は、昭和十三（一九三八）年四月十日に東京音楽学校（現・東京藝術大学音楽学部）の師範科に入学した。

当時の東京音楽学校には、本科（声楽・ピアノ・弦楽器類・管楽器類・作曲）と師範科（教員養成）、邦楽科があり、本科は予科一年を含んで四年制だが、師範科と邦楽科は三年制であった。師範科は東京音楽学校が国立ゆえ、授業料は免除で在学年数の半分即ち一年半の期間を教育現場で勤める義務を課せられる。定員は邦楽科が十五名位だったと思うが、師範科は五十名、本科は各々の専攻を総合して五十名と全校生が四百名位で少なく、国立としては日本の中で唯一の男女共学であった。

四月の入学の時は仮入学で、一学期の学習の成果によって、二学期から本入学が許可されるという東京音楽学校特有の制度があった。二学期に登校して、二名の落伍者があったことを知る。毎年同じような結果があるという。入学式で乗杉《のりすぎ》嘉壽《よしひさ》校長先生から、東京音楽学校の教育は、アカデミックで将来性を重んじ、三年間で伸びる可能性を見極めるのが入学試験で、既に出来上がった上手な人は、三年間の年月はかえってムダな時間になる、下手でも将来性を見通して入学を許可するのがこの学校の目的である、とのお話を聞いて仮入学の制度を理解した（私の時は師範科は定員五十名に対して応募人員は三百名位と聞いている）。

## ◇昭和十三（一九三八）年◇

一年生の授業が始まって、まず声楽とピアノの個人教授の先生が決まる。師範科は本科と違い、教師になるために声楽とピアノを専修しなくてはならないので、個人レッスンの練習が忙しい。その上当時は全ての学校がピアノを保有している状況ではなかった。オルガンの実習の時間もあり、真篠俊雄先生に足踏み、ストッパー付のオルガンの演奏方法を教えて頂いた。声楽とピアノのレッスンは三、四人位のグループに分けて、男子生徒、女子生徒別々の先生に三年間通して教えて頂いた。それぞれの先生のお名前を掲げてみる。

　男子学生の声楽の先生は、沢崎定之先生、城多又兵衛先生、木下保先生、伊藤武雄先生、橋本英次先生。女子学生は、長坂好子先生、田中伸枝先生、武岡鶴代先生、斉藤英子先生、浅野千鶴子先生である。ピアノの先生は、男子学生は萩原英一先生、貫名美名彦先生、田中規矩士先生、福井直俊先生、今井治郎先生。女子学生は小倉すゑ先生、川上きよ先生、渡辺トク先生、室岡清枝先生、見田公子先生、遠山つや先生である。一年の三学期にはこの二つの実技のテストがあり、一年間の履修曲数の提出も課せられていた。教養科目は音楽理論（和声学、対位法など）、音楽関係の理論は下總皖一《しもおさかんいち》先生、音楽史が遠藤宏先生、語学はドイツ語が妹尾幹先生、英語が三浦二郎先生、教育学関係は山下佐平先生と馨《かおる》寿次《ことじ》先生、国文学（万葉集）は風巻景治郎先生、音声学（生理学的なもの）を東大教授の颯田《さった》琴次《ことじ》先生が週一時間教えに来られた。

　入学して初めて音楽学校の生徒だという思いを強くしたのは、全校生徒（邦楽科は除く）が参加する合唱の時間であった。週二回、二時間の練習が奏楽堂で行われる。先生は外国人で、東京音楽学校が夏、冬に行う定期演奏会で歌う合唱曲の練習の時間である。新入生にとっては初めて音楽学校の生徒としての自覚を持たされる授業である。まだ男女共学が一般の学校では行われない時代であるから、初めての混声合唱で男子学生と一緒に練習する緊張もあった。また、外国語（主にドイツ語）の曲で、まだドイツ語の学習もしていないのに、ドイツ語で書かれた楽譜も初見であり、上級生も一緒なので、指揮者の先生は厳しかった。指揮棒を見ていないと直接指摘されて注意されることになるし、発音もままならず、音符も見なくてはならず、物すごい難行苦行の時間であった。幸いなことに私たちの時は、新任でドイツ人のヘルムート・フェルマー先生が着任したばかりで、日本語がまだわからず、上級生が通訳をしておられたので助かったが、日本の先生の指導の時は緊張の連続で、コーラスの醍醐味を味わう気持ちには程遠いつらい時間であった。

それから、学校教育制度の中では必ず行わなければならない体育の時間であるが、音楽学校には体育館あるいは体操場というものはなく、学校行事として全体が集まるのは、演奏会場即ち学校の中心に位置する奏楽堂である。しかし一般の学校と違い、演奏を行うステージとそれを鑑賞する客席が設けられていて、一般的な体育の授業が行える形ではなく、体育の授業がどこで行われていたか鮮明な記憶はないが、校庭で女子体育大学の折井先生から薙刀を学んだ記憶が残っている。

当時の校長の乗杉先生は、前任の文部省（現・文部科学省）の社会教育課長であられた時に、上野に児童図書館を設立することになって、音楽学校が所有していた公園の一番端の角地を、音楽学校なら運動場などあまり必要ではないだろうと、音楽学校の敷地を分譲して図書館を建てられた方である。後にご自分が東京音楽学校校長になるとは全く考えていなかったので、実際に音楽学校長となり、運動場に充てるだけの敷地がなく、痛い思いをしたとおっしゃっていた。その通りで体育館も運動場にする土地もなく、男女別々の体育の時間をどのようにして行っていたのか全く覚えていない。バスケットのコートが一面と、ピンポン室に使っていた少し高くなっている所に部室があった記憶しかない。私の在学した三年間や先輩の卒業アルバムを見ると、必ず配属将校（陸軍少佐級）の軍人が写っているので、男子生徒は軍事教練の授業があったように思われる。

実は日本で唯一つの男女共学だと書いたが、その学校生活について述べてみる。東京音楽学校在学の三年間、同級生であったのに、お互いの学校生活で級全体が講義を受ける教養科目と合唱の時間以外、男女それぞれの校内生活の状況は全くわからない。それ程厳しく律せられている環境であった。校舎は、玄関の上の奏楽堂に向かう階段が左右に分かれ、男女別々の学校生活が支障なく行われるようになっていた。邦楽科は、元は神田のお茶の水の分教場に設立されたが、昭和十一年に上野の本校舎に移転となり、その際に教室が建てられた。邦楽科は、男子学生が二、三名と非常に少なく、授業はほとんど男女一緒に学ぶ課目が多かった。本科と師範科の生徒の、校内に於ける男女共学の規律は厳しく、六五号室（男子控室がある校舎の二階、向かって右の端の教室）が唯一の教養科目の合同講義室であった。直接言い渡されたことではないが、同級でも男女が教室以外で話していいのは、玄関を入った所にある大きな掛時計の前だけだなどと言われていた。その場所は生徒課や事務室、受付、同声会（東京音楽学校卒業生の会）関係の部屋があり、どこからも見られるオープンなスペースであった。また、校門の入口には門衛の部屋があり、門衛が一日中詰めていて、校舎の出入りには必ず顔を合わせるようになっていた。それ故、外出の時には声をかけられるので、なるべく親しくなるよう、自分の方からも声をかけようと思って立ち寄って話をしたものである。

余談であるが、通学の道は、上野駅か鶯谷駅から歩くが、朝の一時間目の授業に遅れそうな時は、上野駅の一つ手前の御徒町駅で降りて、駅前で待つタクシーで駆けつけると、歩く距離が少なく時間短縮になるので、その方面の生徒はよく相乗りで利用していた。音校生の人数が少ないので、知り合いでなくても、楽器を持っていたり、大きな楽譜カバンを持っているので、音楽学校生だとわかり、お互いに声をかける。そんな時には門衛のいる校門前では、男女一緒だったりすると大変なことになるので、必ず隣の図書館のところで降りて、校門は別々に入るというのが生徒間の暗黙の常識となっていた。なお東京音楽学校の入学規定には、男子学生は妻帯者でも入学できるが、女子学生は未婚と決められていた。それと師範科の女子学生は東京在住者でも一学期間、寄宿舎生活を体験することが義務として定められていた。

私は一学期に入舎した。六人の大部屋だったが、大体は三人部屋である。私の部屋は室長が声楽の三年生、他の人はピアノ科、師範科の二年、同級生と邦楽科と、科の違う方たちでそれぞれの科の人の勉学の状況が違うので色々な知識を学んだ。例えば、声楽科の室長さんは朝寝坊で、声をあまり長時間使うことは声帯に悪いので、長時間の練習はしないようだった。ピアノ科の先輩は、寄宿舎と学校の通路の門が朝五時に開くので、朝食の時間まで練習するために四時半位に目ざまし時計をかけて起きていた。寄宿舎には楽器類は置いていないことと、寄宿舎と本校は板戸一枚でつながっていたので、練習は放課後や朝、生徒が登校する前に時間を惜しんでやらなければならなかった。食べ物も、声楽の人は消灯前にもお茶の時間を設けて体力をつけていて、太るということはあまり考えないというように生活が違っていて、寄宿舎としては全く自由であるが、勉強に取り組む姿勢を学べた生活だった。日曜は従業員の方々がお休みなので、部屋単位で朝昼晩の食事の用意をしなければならず、この時は同室の誼が生まれる。夜の音楽会を聴きに行くことも許されていたので、一般の寄宿舎生活とはだいぶ違っていた。一学期だけの短い期間だったが、一人っ子の私には色々と勉強させられた生活だった。

## ◇昭和十四（一九三九）年◇

二年生になると、忙しく厳しい学校生活の中にも、学生らしい遊び心も出てくるようになった。図書館前の京成電鉄の博物館動物園駅は、現在は使われていないが、昭和の頃は利用されていて、上野広小路にはすぐ行くことができた。年の頃も十八、九歳の食べざかりゆえ、風月堂、永藤パン屋さん、甘味処みつばちなどの食べ歩きを楽しんだ。アメ横近くの摩利支天の前にあったトンカツ屋さんのトンカツは格別においしく、狭い店内だったが、お寺の釣鐘の小型のものを叩いて出来上がりを知らせてくれるのも面白くよく通った。学校の近くでは今も売られている愛玉子《オーギョウチ》（台湾の高雄市の名物で日本のくずきりのようなスイーツ）や、今はないが岡埜栄泉のおしるこ、あんみつ、おにぎりなどを食べに行った。岡埜栄泉はお店と喫茶店が一緒の狭い店内なので、戦前の昭和前半の頃は美術学校の生徒と一緒になると、美術学校の生徒は埃だらけの仕事着や油絵の具がついた服装のままなので、側を通られると思わず席を移動したりで喧嘩腰になったりしたが、今は藝術大学として同じ学校なので時代の変遷を感じる。

音楽学校の校内には、今も存在する「キャッスル」が学生食堂として、女子控室の前、昔の奏楽堂の後ろの階段を降りた所にあった。食堂内は衝立で仕切られ、男女別席、テーブル席十席位のこぢんまりとした食堂であった。昭和十三年当時は先代のご夫婦の新婚間もない頃だった。キャッスルの近くにあった女子学生の控室は、女子学生全員一室で、学年別に長いテーブルと、同じ位長い椅子があるだけで、レッスンで叱られて涙を流す姿、おしゃべりや居眠りなど、すべてがオープンで皆に見られてしまうが、誰も気に留めていない。また、移動が多く控室に長くいた記憶はあまりないが、大部屋一室なので各科の学生を問わず顔見知りになった。それは受験準備の段階で同じ先生にお習いしていたり、浪人する人もあり、何といっても一学年一組と少ない人数なので、音楽学校独特のことなのかと思われる。男子生徒の控室には在学中一度も入ったことがない。今はなき校舎だが、私は玄関と奏楽堂のあった正面の校舎と左側の校舎しか印象には残っていない。

それにしても芸術の道は厳しく、頭脳だけでなく、心身一体の努力が必要で、相当心の強さを持っていないと耐えられない、日本一厳しい学校だと思ったが、落第したという話は聞いたことがない。しかし、当時、若い人の間で流行した肺の病で休学する人が必ず二、三人いた。私の級にも前年度の休学者が二人復学したが、その代わりに二人の休学者が出て、さらに在学中に女子学生が結核で亡くなっている。

音楽関係の学校ゆえ、演奏会用の制服が定められていたが、常時の制服は女子学生には定められていなかった。演奏会用として夏はグレーの紋付、冬は黒の紋付と夏冬兼用の紺色の袴で、男子学生は通学服と演奏会用の制服が定められていた。冬は中折れの黒の帽子、夏はカンカン帽といわれた麦わらの、硬い、中心がまん丸の昭和の時代に見られたちょっと変わった帽子だった（日本ではあまり好まれなかったが、アメリカの映画俳優が映画の中でかぶっているのをよく見かけた）。ところが最近（平成二十七〈二〇一五〉年）、昭和八年卒の卒業アルバムを見る機会があってわかったことだが、男子学生の制服が背広ではなく、他の大学生と同じ詰襟姿の写真なので驚いた。私が入学した昭和十三年の時の上級生は背広姿だったので、昭和十年頃に変わったのかと思われるが、演奏会では背広姿だったと思う。また、昭和八（一九三三）年卒の女子の夏のグレーの紋付姿を見ると、布地の色が微妙に違っていて、個人個人で用意されたように思われるが、私たちの時は夏の紋付は学校側が作って生徒に有料配布したと思われる。なぜなら冬は各自の家の家紋なのに、夏は同じ蝶の変形の紋がついていたからである。その紋付は当時スフと呼ばれていた化学繊維で水に弱く、汗をかくと縮んでしまうので、演奏会の時はすごく気になって楽譜を持っている袖口の縮みを気にしたことを今でも覚えている（昭和八年三月卒業のアルバムを見ることができたのは、私のピアノの手ほどきをして下さった井上凞子《ひろこ》先生が、平成二十七年現在、百三歳でご健在でおられ、お借りできたからである）。

男子学生には前述のように通学時の制服が決められていたが、女子学生の方は演奏会以外の通学時の制服は決められていなかったので、オシャレで派手であった。それはお習いしていた先生方の素敵な服装から学ぶことができたからである。小倉すゑ子先生などは、皇室関係にも教えに行っておられたが、いつもチュールのついた帽子をかぶっておられて、他の声楽、ピアノの先生方も外国に学ばれてそれぞれに憧れの対象であった。上級生になって地方への演奏旅行、または近県の学校から頼まれて師範科だけの生徒が出張演奏することが多くなり、紋付、袴ではそぐわない演奏会などもでてきて、全員がそろう服装として標準服というものが定められた。それは紺色のサージのワンピースで、白のキャラコの襟に前開きで同じ布のベルト付のスタイルである。演奏会以外、日常の通学用としても着用してよかった。それゆえ、例年行われていた地方への演奏旅行に出かける時、紋付、袴を持参しなくてもよくなり、手軽に出かけられるようになって、女子学生にとっては有難いことであった。

授業では、その頃私塾で始まった音感教育がひろがり、就学前の四、五歳の児童に聴覚訓練として、和音の聞き取りの実習を体験する時間を設けて、後にピアニストとして活躍される園田高弘氏やヴァイオリニストの江藤俊哉氏を招いて訓練の状況を見学した。幼稚園児スタイルで、先生が弾くピアノの和音名を即座にＣＥＧ、ＣＦＡなどとドイツ音名で答えるのに拍手をしたことを今でも覚えている。

## ◇昭和十五（一九四〇）年◇

いよいよ最終学年であるが、ちょうど紀元二千六百年という年で、お祝いの行事が色々行われた。国家的行事の祝典に東京音楽学校の生徒が国歌や奉祝歌を演奏するために参加させられた。その演奏は行事の始まりと終わりなので、長時間野外の会場に立たされ、つらかったことを覚えている。最後の高松宮殿下の万歳三唱を遠くに聞き、正面に設けられた壇上には天皇陛下、皇后陛下と陸海軍の軍人夫妻がたくさん並んでおられた。学校では文化祭のような催しが行われた。

師範科は教育現場に出るための学習が多くなり、下總皖一先生の音楽理論に加えて音楽教授法、細川碧先生の作曲法、橋本国彦先生の指揮法、その頃から校外活動として、後のブラスバンドの前身となる鼓笛隊で取り上げる太鼓と笛（フルートの前身のような金管楽器）の練習を、当時は研究科生であった鈴木正三先生（フルート専門）に習った。太鼓は簡単だが、笛は単純に穴があいているだけで、日本の笛と同じ奏法で息の調節だけなので、音を出せるようになるまでがむずかしく、頭がくらくらしてなかなか習得できなかった。下總先生の音楽教授法では論文を書かされ、男子学生のほとんどは小学校の教育の経験があるので、女学校出の女子学生と違い、提出された論文の枚数に格段の差があり、下總先生が驚いておられた姿が今も記憶に残っている。それから、教育実習があり、男子学生は都立第六中学校（現在の新宿高校）で昭和十一年甲師卒の水田勝美先生、女子学生は都立第五高女（現在の富士高校）で大正六年卒の安藤タカ先生にお世話になった。文京区の小学校に見学に行ったこともある（小学校の免許は取得できない）。

紀元二千六百年ゆえ、色々な祝いの行事があったと思うが、前述の式典に参加したことしか記憶にない。学校行事として文化祭のような催しがあり、邦楽科の方のお茶席などが設けられたが、何といっても、各学年の本科、師範科、邦楽科の生徒たちが奏楽堂の舞台で、ジャズや演劇を発表したのは圧巻であった。ちなみに覚えている出し物は、本科三年男子のジャズダンス、本科二年女子の現代劇「山佐醤油物語」、師範科三年女子のミュージカル「蝶々夫人」、邦楽科の「修善寺物語」（衣装からセリフまで本格的な演技で、さすが邦楽の分野は専門だった）などで感心させられた。本科三年のジャズバンドも本格的だった（管楽器やその他も専門家ゆえ）。夏休みには勤労奉仕として、三年の各科（本三、師三、邦三）の女子生徒だけが、那須にある、ボーイスカウトの日本の隊長であった三島通庸子爵の別邸の農園に一週間の合宿をして、農作物の収穫や種まきの作業のお手伝いをした。また夏休みを利用して、本三の声楽科の人と師三の級の中から選ばれた人たちによる教科書用の歌曲のレコード吹込みがコロムビアレコードで行われた。紀元二千六百年を記念して、北原白秋作詞・信時潔作曲の大曲「海道東征」の発表が本校の奏楽堂で行われた。そのための木下保先生の指導及び指揮での練習に大変な時間を要し、上野児童音楽学園（後注）の生徒も加わって、ソリスト、合唱、オーケストラ全校一体の大合唱であった。

また毎年行われる卒業学年の地方への演奏旅行はいつもの関西旅行に、新しく東北・北海道・北陸への演奏旅行が九月半ばに行われ、仙台、盛岡、函館、札幌、秋田、新潟と遠征をした。その頃は、当然新幹線などは通っておらず、盛岡での演奏が終わると、すぐ汽車で青森に行き、函館に向かうべく夜の青函連絡船に乗ると、嵐で凄く揺れてひどい思いをした。朝早く函館港に着く頃には海も穏やかになったが、函館郊外の温泉に着いてやっとほっとした。そこで出された朝ごはんに豆がいっぱい入っていて皆がびっくりしたことを思い出す。今は白米より十穀米とか、麦などを混ぜることが健康によいという時代だが、戦前は白米一辺倒だったので驚いた。その頃の北海道はお米の生産が少なく、豆や昆布をごはんに混ぜて食べていた。時代の変化を感じる。函館の演奏を済ませて札幌に入る。札幌では一日休みがあり、郊外の月寒や真駒内を訪ね、九月の季節のよい時季の北海道に憧れをもって、もう一度訪ねたいなどと皆で話し合ったのだった（その願いがすぐ叶うことになるとは夢にも思わなかったが、その札幌が私の教師としての初任地となる）。札幌での演奏を終えて、今度は昼の連絡船で内地に戻り、秋田での演奏会を終えて新潟へ、そして東京に帰りついた。その年は十二月にも関西方面に演奏旅行が行われ、名古屋、岐阜、京都、奈良と回った。関西旅行は毎年行われていたと思うが、昭和十七年は当時の満州まで、初めてパスポートを使う演奏旅行をしたと後輩から聞いた覚えがある。また、師範科の後輩で親しい人が北京の日本人学校に就職して、同声会報に消息を寄せられていた。私の級の男の人で台湾の師範学校に就職された方もあった。

東京音楽学校には、生徒の学友会が設けられていて、各学年の級から男子三名、女子二名の理事が選出され（学校長の任命）、年一回『楽友』という校内誌の編集や、催し物の企画などを協議していた。私は入学した時にクラスの級長に任命されたが、学友会の理事は女子学生の場合は二名で一名は各学年とも級長が兼任している。それで三年間級長と理事を務めた。寄宿舎と本校の間の図書館の前に理事室はあった。その部屋は校内でただ一ヶ所男女が同席して自由に話ができる部屋と定められていた。『楽友』という校内誌はなかなか立派な内容で、専門の音楽に関する論文や本の紹介、詩、短歌、雑文、級の案内など、いろいろな分野にわたった記事が掲載されている。本科関係の理事は在学生の土曜コンサート（毎週土曜日の放課後に東京音楽学校の奏楽堂で、在校生の三学年の本科の声楽科、ピアノ、ヴァイオリン、チェロ、オルガン、管楽器類の演奏会が無料で公開されていた。演奏者として卒業後活躍するための予行演習である）の案内や演出も手掛けていたかもしれない。学校の勉強以外のことで上級生との交わりも持てて、三年間という短い期間に、私にとってプラスとなる経験ができたことはとても幸せなことと感謝の思いである。この学友会だが私が卒業した昭和十六（一九四一）年三月二十五日に解散ということになり、在学している学年の理事の人たちの全員を写真に収めた。それから昭和十六年三月卒業の理事たちと先生方でも写真を撮っている（五一回生）。

その年の十二月八日に太平洋戦争が勃発した。そして戦時体制で在学期間が短縮になり、昭和十七年三月卒業（五二回生）が昭和十六年十二月二十六日に繰り上げられることになる。次の学年の期間は更に短縮され、昭和十七年九月十五日（五三回生）となった。昭和十九年と昭和二十年もそれぞれ前年の九月二十五日に繰り上げ卒業となり、大東亜戦争が終結。昭和二十一年三月は卒業生なし。昭和二十二年三月二十九日（五八回生）と昭和二十七年三月（六三回生）で学制改革以前の入学者の卒業を以って師範科の歴史は終わった。昭和二十四年四月から東京藝術大学音楽学部となり、師範科廃止の後に楽理科が発足した。

（注）上野児童音楽学園について（一五頁関連）

上野児童音楽学園は昭和八年六月、東京音楽学校の中に、小学校在学の児童を対象として開設された。当時の東京音楽学校校長の乗杉先生が文部省から命じられて、ドイツ、オーストリア、イタリー、フランス、イギリスなどの長い伝統を持つ音楽学校および音楽教育事情や、音楽の社会的施設などの見聞を目的とする約三ヶ月半の視察から帰国され、音楽教育における早期音楽教育が大切なことを実感されて、その実現のため、国に答申されたが、実現には至らなかった。それで、東京音楽学校の同窓会「同声会」が母体となり、小学校在学の四年生の男女一学級（四十名）を募集して東京音楽学校の中に発足した。授業は週二回（水曜日午後三時から五時・土曜日午後一時半から三時）行われた。志願者は初めのうちは通学に時間のかからない、東京音楽学校に近い区在住の人だったが、人数が多くなり、東京地区内ばかりでなく、横浜や千葉あたりからの応募者も増え、志願者の多い時は、既習の簡易な歌曲を歌わせて選抜していた。児童学園の最初は、男子児童の合唱団だったが、すぐに男女児童のピアノとヴァイオリンの楽器教習も行われるようになって、東京音楽学校の教授や研究生が指導にあたった。東京音楽学校の師範科の、教員無試験検定を取得するための教育実習の場としても活用された。発足当時の歌唱は、全員に課せられていて、私も昭和十五年師範科三年の時に、松田トシ先生（昭和十一年声楽科卒・ＮＨＫのうたのおばさんとして活躍された）の組で、教育実習を同級生の小林俊子さんとさせて頂いた（卒業アルバムに載せた写真あり）。児童学園は、小学校四年から五年、六年と進み卒業するが、やがて高等科ができて、東京音楽学校に進学する生徒さんが次々と現れている。私は、放課後にちらほらとかわいい小学生たちが校門を入ってくるのを見かけてはいたが、あまり印象に強く残ってはいないので、児童学園に通ってくる小学生が一組四十人も在学していたとは！　という思いである。ところが、このたび上野児童音楽学園演奏会の記録の中に、知っている方のお名前を見つけたので、若き日を思い出して書いておく。

昭和十四年九月の同声会報に記載されている、上野児童音楽学園尋常科第六回演奏会で、ピアノ独奏（モーツァルト作曲「協奏曲ニ短調」）の松川玲子さん（昭和二十三年三月東京音楽学校ピアノ科卒業）は、私が東京音楽学校に入学するための指導をして頂いた日向氏隆《ひなたうじたか》先生（昭和十一年甲師卒）の姪御さんで、在学時代から存じ上げていたが、その後、北爪規世さん（昭和二十年九月ヴィオラ科卒）と結婚され、ご主人の兄にあたる北爪利世さん（昭和十六年三月クラリネット科卒）は私と同期であり、その利世さんの奥さんが、私と同級生の渡辺和喜さん（昭和十六年三月甲師卒）と結婚されたので、義姉妹として親しくお付き合いがある方である。私にとっては忘れられない方であり、昭和十八年から十九年に東京音楽学校聴講科に通っていた時、小学生姿の松川玲子さんのことをお見かけした印象がある。

　また昭和十五年の同声会報には、昭和十五年六月十九日、ＡＫ（ＮＨＫ）から上野児童音楽学園児童の放送が子供番組の時間に行われ、そのプログラムの中にピアノ三重奏（ハイドン作曲「アンダンテハ長調第二楽章」）の演奏者の中に、私が昭和十八年に勤務していた都立第一高女の生徒だった高角郁子さんの名前を発見してびっくりした。当時は戦争中だったが、都立第一高女の担任の先生にヴァイオリンで東京音楽学校へ進学希望がある生徒ゆえよろしくと頼まれたのを覚えている。高角さんは思い通りに東京音楽学校のヴァイオリン科に進まれ（昭和二十四年三月卒）、現在は井崎郁子さんとなり、東京藝大に残って教えておられた。都立第一高女の二年は組で担任の先生のお名前もいまだに覚えている。児童音楽学園出身とは思っていなかった。やはり乗杉校長先生の早期音楽教育の実践を感じたことである。

　この上野児童音楽学園は、戦争が激しくなって児童の疎開や空襲などで、昭和十八年の秋に自然休校となり、閉鎖されてしまった。昭和二十四年の学制改革で、東京音楽学校は東京美術学校と統合され東京藝術大学となった。そして児童音楽学園によって早期音楽教育を目指された乗杉校長先生および沢山の東京音楽学校の先生方の思いは、今の東京藝術大学附属高校につながることになった。

旧東京音楽学校の正門から見える奏楽堂（昭和16年）

楽譜カバンを持っての通学スタイル
昭和15年　東京国立博物館を背に　著者

昭和16年３月卒業の師範科合同授業　65号室での一コマ　男女一堂にそろって
副科のヴァイオリン専攻の演奏を聴く会（３列目左から４人目が筆者）

# 紀元二千六百年を祝って文化祭が催された

昭和15年10月

本科三年組（昭和13年４月入学16年３月卒）ジャズバンド

声楽科　男子三名の競演　左から水谷俊夫·栗本正·渡辺高之助

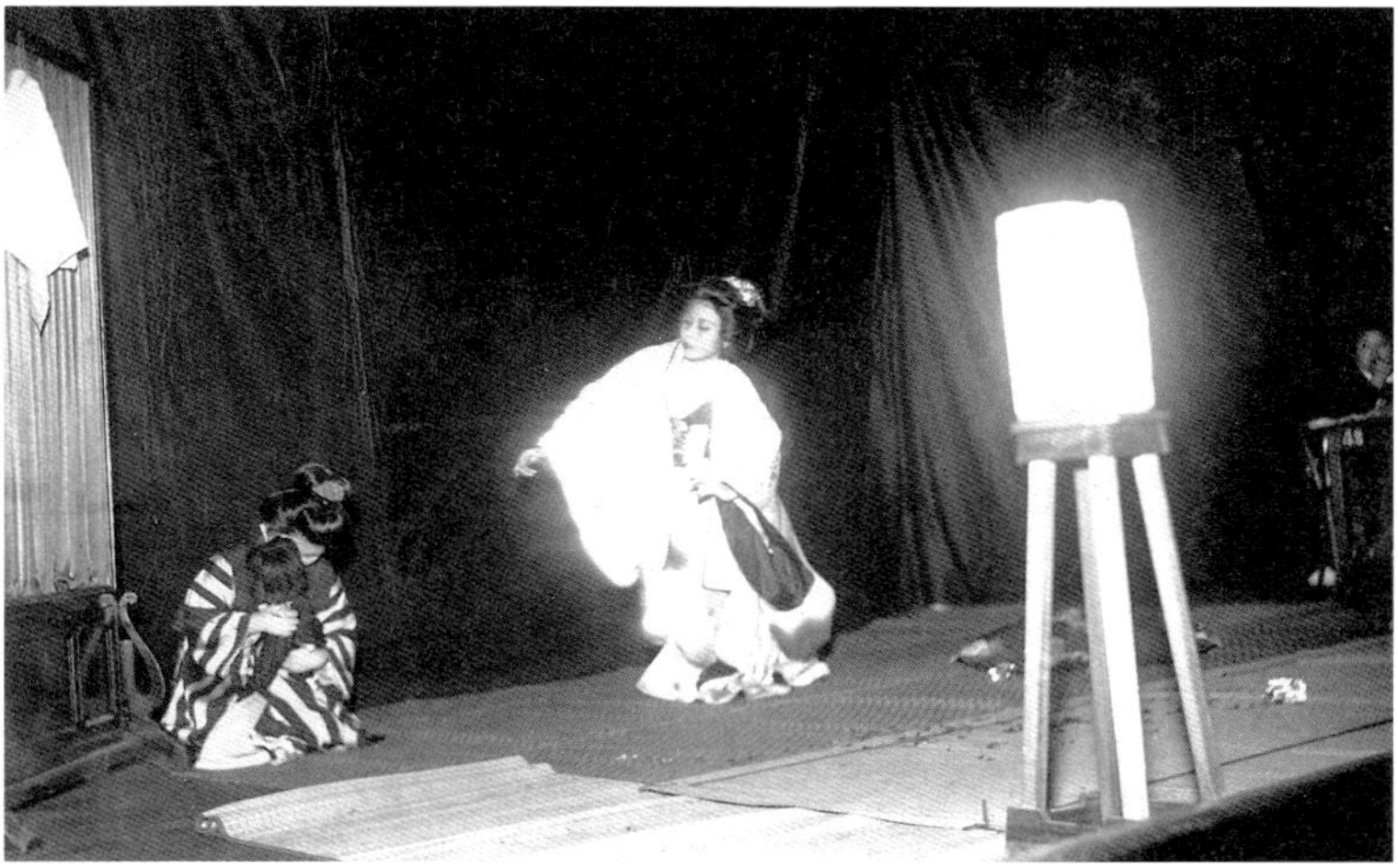

師範科三年組（昭和13年4月入学16年3月卒）「蝶々夫人」

パントマイムで語りと音楽は級友（女）全員が出演

邦楽科三年組（昭和13年４月入学16年３月卒）
「修善寺物語」

本科二年組（昭和14年４月入学16年12月卒）
ホームドラマ「犬の月曜日」ヤマサ醤油社長宅の話

# 学友会解散記念撮影

昭和16年3月25日

邦三　伊藤　良平
師三　濱野　政雄
師三　安城　政三
本三　中山　悌一
声楽
師二　糸賀　英憲
師三　緒方　勉
本三　中山富士雄
トランペット
本三　赤松　稔
チェロ

本二　喜田　賦
クラリネット
邦三　後藤　妙子
本三　岡崎　政子
ピアノ
本三　佐々木成子
声楽
師三　菊地美恵子
（滝沢）
師三　秦　祥子
本二　横井　和子
ピアノ
師二　二階堂敏子

馨　寿次先生
教育学
遠藤　宏先生
音楽史
山下　左平先生
生徒課長
乗杉　嘉壽校長
沢崎　定之先生
声楽
妹尾　幹先生
ドイツ語

# 生い立ち

東京　自宅近くの公園で　５歳

女学校４年

## ◇故郷・米沢での音楽事始めから受験まで◇

私は大正十一（一九二二）年三月十六日生まれ、出生地は東京市麹町区下二番町（現・千代田区二番町。市ケ谷駅から近い現在の日本テレビ麹町分室がある近く）である。父は山形県米沢市出身、昔の戸籍には身分制度として、米沢藩の小姓役の出自で士族と記されていた。母は茨城県小川町出身、霞ヶ浦と日本橋を行き来していた廻船問屋なので、平民と記してあった。父の職業は弁護士、大正十二年九月の関東大震災に遭遇したが、山の手地区は火災にあわず、被害は小さかったという。

私は東京市立麹町小学校の付属幼稚園に通っていた。父は東京の島田法律事務所（所長は国会議員、終戦後衆議院議長）に勤務していたが、独立して米沢市に自分の法律事務所を開くことになり、昭和三（一九二八）年二月に東京から米沢市に転居した。それで私は昭和三年四月に米沢市立北部小学校に入学、昭和九年三月同校卒業、四月に山形県立米沢高等女学校（現・米沢東高校）に入学、昭和十三年三月同校卒業。四月に東京音楽学校師範科に入学、昭和十六年三月に卒業した。

私の音楽事始めは、小学校の六年生の時である。在学していた北部小学校がオルガン（足踏み）から新しくグランドピアノを購入し、そのお披露目の音楽会を開催することになり、ゲストとして米沢高女の音楽の先生をお願いすることになった。その時に在校生にも新しいピアノを演奏させたいということで、私がその候補にあがった。というのは、担任の先生が私の家にピアノがあることをご存じで、当然私は弾けるだろうと思われての推薦だった。ところが家にピアノがあるのに、私はピアノの教習を受けたことがなく、弾けないのでお断りした。私の家になぜピアノがあったかというと、昭和四、五年頃に日本楽器株式会社が米沢市に初めて特約店を開設し、当時立町にあった盛文堂書店が日本楽器の特約店となって、市内の家々にピアノ購入の宣伝をして歩いたときに、勧められて母が購入しておいたのである。私が小学校三年ぐらいの時だったかと記憶している。ピアノを購入しても、その頃は教えて下さる先生もわからず、私自身は音楽が好きというわけでもなかったので、無用の長物でしかなかった。担任の先生は在校生にも新しいピアノを弾かせたいという一念だったのか、お招きすることになった女学校の音楽の先生に、私がピアノを弾けるようにしてほしいとお頼みになって、ぶっつけ本番で、演奏会で弾く曲を否応なしに教えて頂くようお願いされ、仕方なくピアノの練習を始めたのが私の音楽事始めとなったのである。それから二ヶ月程特訓を受けて弾いた曲は、バイエル教則本の七四番と八九番、かなり練習をした記憶がある。よもやこのことが東京音楽学校への入学、そして一生を支えることになるとは、思いもよらなかった。

この後、私は米沢高等女学校に入学するが、そこで音楽を教えて下さったのが、井上漉子先生（旧姓中田）である。井上先生は、昭和八年三月に東京音楽学校を卒業されて米沢高女に新任として赴任された。私は井上先生にお習いすることが定められているように次々と縁がつながることになる。そのことは後述することとして、先生は二年目にお身体を悪くされて郷里の千葉にお帰りになり、後任としてやはり東京音楽学校出身の雲居佐和子先生（旧姓小島）が着任された。小島先生はゆえあって私の家に下宿されることになった。私は女学校に入学してから運動部の部員になり、夏はバスケット、冬はスキー部に所属し学校の代表選手になっていたので、放課後は運動部の練習がありピアノには時間の余裕がなかった。しかし家に音楽の先生が下宿されることになり、ピアノを続けなければならなくなった。ピアノは音が出るので必ず練習をしなければならない。他の勉強もしなくてはならず、時間を決めての稽古なので、先生に、「あなたにミス・カントという名前をあげるわ」と皮肉られた。カントは有名なドイツの哲学者で毎日通勤する時間が決まっていることで有名な学者だと教えられた。小島先生は一年でご結婚のため東京の都立豊島高校に転任された。次に来られたのは、男の先生だった。東京音楽学校出身の先生が三人も続いて配属されるのは珍しいと、後日音楽学校に入ってから級友に言われたが、確かに一年ごとに東京音楽学校という国立の学校から来て頂けるのは大変ありがたいことだった。

新卒の男の先生ということもあり、母校への受験生を探されていて、職員室で「ピアノが弾ける生徒は」と訊ねられて私が呼ばれた。私は放課後、運動選手として時間的に余裕のないこと、音楽が好きではないので音楽学校への希望がないことをお話ししてお断りした。それに四年生で運動部の選手としてやめられない時期になっていたので、放課後の時間が使えなかった。すると、その先生は、特に校長先生のお許しを得て、日向氏隆先生（東京音楽学校師範科昭和十一年卒）が家庭教師として自宅に教えに来て下さると母を説得にこられた。私は東京の上級学校受験の希望があって、実は三年の夏休みに上京して予備校の夏季入試講習を受けていた。その講習を受けてみると、田舎の学校のレベルが如何に低いかを思い知らされた。すっかり打ちのめされ、自分の将来への希望の見通しが崩れてしまった、そんな時期だった。当時は東京音楽学校の存在もはっきりとは認識していないし、浪人生も多くむずかしい学校ということなども知らなかったが、ただ、試験科目に数学がないということが救いだと思って受験に挑む決心をした。

そして四年生の夏休みに日向先生に連れられて、先生の東京音楽学校の声楽科の教授、木下保先生のところに助言を頂くために上京した。その結果、「この子は最初の篩《ふるい》には何とか残れるだろうが、二度篩われると、残るか落ちるかの瀬戸際だと思うが、試験の日まであと半年あるから大丈夫だろう」と言って下さった。そして「日向先生の言うことをよく守って勉強しなさい」と言葉を付け加えられたのでほっとした。そしてピアノの先生もご紹介頂き、同じ東京音楽学校のピアノ科の水谷達夫先生には次の日にレッスンを受けることができた。その後、聴音のテストをその場所に集っていた受験生と思われるたくさんの生徒さんと共に受けたが、その人数の多さに圧倒され、緊張してしまってほとんど聴き取れなかった。すると木下先生は日向先生に、私の学校の成績のことを質問されて、日向先生が優秀です、と言って下さると、木下先生が「あゝ、気の毒に、この子は器用貧乏なんだ」とおっしゃったことを、今でも覚えている。確かに私には確固とした音楽学校への受験に対する心構えができていなかった。それから半年、スキー大会もあり、音楽の練習ばかりでなく、英語は中学校の先生に補習して頂く必要があるため、三月二十五日の試験の日まで無我夢中で見えないものに向かって勉強をした。実際のところ、音楽学校の受験の内容などは全く未知の世界だった。それゆえ、私は怖いもの知らずといった心境で、心の変化というか、合否を気にする気持ちの揺れなどはなかった。

試験は、一回目は聴音と歌唱（コールユーブンゲンという声楽の初歩の練習曲集で全員が履修済の曲集の中から試験場で指示される）のテストで三分の一が不合格、二回目はピアノ（ソナタアルバムの曲と指定されている）と二度目の歌唱（小学校歌曲集の中から指示される）でまた三分の一が不合格と受験生の数が少なくなる。そして最後が筆記試験で、最終には口頭試問があるが、その時私は試験官の先生にペーパーテストの英語が落第点だと指摘されてがっくりと心にこたえた。受験勉強の中で一番気になっていて、教えて頂いていた中学校の英語の先生が、兵役に服されたり、転任されたりで、最後に教えて頂いた先生は受験日の二ヶ月前ぐらいでとても切羽詰まっていて心配だった。その先生に、受験は一点、二点が重要なので、単語の意味がわからなくても、動詞か助詞かぐらいの区別はつくだろうから、英語を日本語風に置き換えることぐらいは見当がつくと思う、わからない単語を日本流に並べ直してみるぐらいの冒険をするしかない、とまで言われていたので、覚悟はしていたが、四年制と五年制の学力の差があることをはっきりと教えられ、この指摘は予想していた。ところがその後に、「あ、君は田舎の四年制の学校か」と言われたのが印象に残った。試験会場から待合室に行き、そこで待っていた先生や母にその話をすると、ちょうど側にいた同じ受験生の人が、私も英語が落第点と言われたと話しかけてこられて、お互いに名乗ってみたら、同じ山形県の鶴岡高女出身の方だった（私は米沢高女で山形県の中では山と海で離れてはいるが）。

当時六大都市と各県の県庁所在地だけは五年制で、他の地方都市に所在する女学校は、卒業資格は同じなのに、修業年数が違っていた。細かい授業内容を具体的に把握したことはないが、一年の違いは学力に差がついていたようである。私のいた女学校では裁縫の時間が六時間（一日三時間続き）もあった。その他にも作法（お茶の出し方や座布団の勧め方、戸の開け閉めなど）という時間まであって接客方法を学んだ。ちなみに私は女学校の成績は一番で、卒業式に答辞も読んだ生徒であったが、結果は致し方ない。

結果の発表を待ったが、入試発表の前日の夜に不思議な夢を見た。東京の浅草の観音様の本堂の屋根から白い鶴が飛んだ夢で、母に話したら、それは合格しているということかもしれないと、それまで不安な気持ちで揺れていた私を勇気づけてくれた。そして結果発表の日、母と私は上野の駅から公園を抜けて歩いて行く途中で、受験生と思われる親子と思しき方に出会った。母が声をかけるのを見て、私はそれを止めたのだが間に合わず、「合格でしたか？」「はい」の答えに他人事ながらほっとする思いではあった。すかさず母は私の受験番号一八三番は？　と訊ねたので、私は他人の番号までわかるはずはないと、母を止めて立ち去ろうとしたら、その方はたまたま合格の番号を紙に記しておられて、私の番号もあると教えて下さった。それで発表の場所までドキドキせずに行くことができた。昭和十三年四月一日、その時の上野公園は桜の花が満開で、きれいな眺めだった光景が私の記憶に深く刻まれ、印象深い思い出となって残っている。

同じ山形県の鶴岡の、口頭試問の時に英語が落第点だと言われたと話をした方も合格していて、卒業後も長くお付き合いした学友となった。合格だとの報せを事前に教えて頂いた方とも、入学してからご縁があり、三年の在学中指導を受けることになったピアノの先生が、同じ川上きよ先生であった。

川上きよ先生は、大正八年三月に東京音楽学校のピアノ科のご卒業で、お上品で超美人の先生で、いつもお着物をお召しになっておられたが、細かく指導して下さるというより、注意なさる所は言葉でなくご自分で弾いて示されるので、叱られるというより厳しく、三年間に直接お話をしたことは覚えていない程だった。卒業式が終わってお礼のためお宅に伺って初めて会話を交わした時に、「もう一年あれば私の言うことがおわかりになったでしょうに。残念ですね」とおっしゃられたのがものすごく印象に残っている。

　やがて、東京音楽学校の師範科が三年制から四年制に変わった。元々当時、女学校後の国立の上級学校として、東京音楽学校と同列の東京高等女子師範学校（通称お茶の水）は四年制で、関西の奈良高等女子師範学校も四年制なのに、東京音楽学校だけ三年制であり、授業料免除の義務年限がお茶ノ水と奈良高師は四年の半分の二年、東京音楽学校は三年ゆえ一年半だった。昭和十七年に四年制になったが、昭和二十年八月に戦争に負けて、米軍の統治下となり、昭和二十四年に学制が変わって東京音楽学校は美術学校と統合され、元の東京音楽学校にあった師範科は昭和二十八年を最後に廃止され、新たに楽理科が開設された。

白椿

# 音楽教師としての出発

## 一、北海道女子師範学校・教諭となる
### ～昭和十六年四月から昭和十七年九月まで～

　東京音楽学校の卒業式を迎えた昭和十六（一九四一）年三月二十五日（五一回）に、文部省の辞令が校長室で一人一人に渡される。卒業式が終わると師範科生は奏楽堂に待機させられ、赴任地の北から順に校長室に呼ばれて、一人ずつ辞令書を直接校長先生から渡される。

　初めは男子で、その人は青森男子師範学校なので、私が女子では出身地が一番北ではあるが、青森よりは北ではないと思っていた。案の定、女子学生の一番初めに呼ばれたのは私だった。一応の覚悟をもって校長先生の前に立った。すると校長先生がおっしゃった地名は、北海道の札幌、そして女子師範学校とのこと。びっくり！　私は我を忘れて、「女子師範学校には行けません」と言って泣き出してしまった。なぜなら、私はクラスで年齢が一番若く、自分より年上の学生もいるだろう師範学校へは絶対に行かされないと思っていたからである。

　ここで少し戦前の学校制度について記す。各都道府県庁所在地に国立の小学校教員養成の師範学校（授業料免除）があった。この学校は高等小学校（小学校を卒業してから二年で授業料なし）を卒業してから受ける一部（五年制）と中学校・女学校を卒業してから受ける二部（二年制）から成り立っている。小学校の教員の免許を習得する授業料免除の国立の学校である。北海道には、男子は旭川・札幌・函館に師範学校が開設されていたが、女子師範は一つもなく、昭和十五（一九四〇）年に初めて札幌の男子師範学校に併設されて二年目の年であった。その新設の女子師範学校には女学校を卒業してから入る二部だけが新設されて、男子師範の校舎に

併設され、女子に必要な家庭科や音楽、体操の先生と教室は別に設けられ、他の教科は男子師範の先生が兼任していた。校長先生も男子師範の校長先生が兼任であった。北海道では初めての女子師範なので、生徒は女学校を卒業してすぐ進学した生徒や、普通の受験ではなく准教員としてすでに教育の現場の経験もある生徒のいる学校であった。

赴任命令をもらった私は、四年制の学校から音楽学校に入学し、生まれ月が三月、当時二十歳で、今の満十九歳、クラスでは一番年下で間違っても女子師範には任命されないと思っていた。それで真剣に長時間かかって師範学校だけは教えられませんとお願いをして動かなかった。校長先生は聞き入れて下さらず、もう一人札幌には友達が行くからさびしくないよなどと慰めの言葉はかけて下さるのに、応じてはもらえなかった。だいぶ長時間抵抗していたので、みんなに知れ渡って後々の同級会のたびに話題にされた。半年前訪ねた時はもう一度訪ねたいと憧れた場所だったのに、責任の重さに暗い気持ちで、母に送られ、海を渡っての札幌入りだった。

乗杉校長の言葉通り、同じ山形県の鶴岡出身の級友と一緒であったが、その方はお姉さんがすでに札幌で勤めておられたし、東京音楽学校出身の二年先輩の前任者、地主忠雄さんが同じ鶴岡の方で札幌女学校におられた。女子師範学校を新設するため、校舎は男子師範学校の校舎の一部を教室にして、寄宿舎も民間の施設を借りていたので、女の先生は最低限必要な少人数で三つに分宿して全員が寄宿舎の舎監を命じられていた。近くに同級生や顔なじみの先輩がおられても、舎監として一日全部がお勤めの生活では、お会いする暇もなかった。校舎も札幌市の西のはずれの藻岩山の麓にあり、私の割り当てられた寄宿舎は大倉山スキー場の近くで、市電の終点のところにある円応寺という大きな禅寺であった。

当時、北海道は炭鉱が多く、出稼ぎのためお寺には墓だけでなくお骨を預ける形で位牌壇のような部屋が多く、夜、消灯後の点検、巡視は怖くてストレスいっぱいの生活であった。試験期になると、消灯後も勉強する学生が位牌壇の奥に隠れて懐中電灯で勉強していて、暗闇の中の光に驚いて先輩の先生を起こしてしまったりした。まだ二十歳の駆け出しの新米教師だった。まわりは山の下ゆえ、林が多く夜はカラスのねぐらで騒々しく、お墓に囲まれていて、「燐」が燃えていたり、「人魂」まで見てしまった。冬の寒さは格別で、襟巻に息が当たって氷の塊ができたり、マスクをすると上のまつ毛が下のまつ毛とくっついてしまい、北国で育った私なのに驚くことばかり。尾籠な話だが（今の人には想像もつかないことだろうが）、冬休みで帰った生徒がまだ戻る前の寄宿舎のトイレに、長い竹竿が置いてあるのに驚いたがすぐに納得した。凍りついてしまうので必需品なのだが、山形ではあり得ない。

昭和十六年十二月八日は日本にとっては重大なことが勃発した日であるが、身辺はあまりにも毎日味わう緊張感に振り回される日常だったので、重大な太平洋戦争の始まったニュースをどういう心境で受け止めたか、明確には記憶に残っていない。それよりも国家体制が変わって戦時体制となり、小学校は国民学校と名称が変わり、教育体制が新しくなってそのための文部省主催の伝達講習が、音楽の場合は東京音楽学校で開かれ、私も卒業して初めて母校を訪れた。懐かしい思いもあったが、伝達講習であって地方に戻って戦時体制の内容を伝えなくてはならない。北海道は各県より大きく、伝える私はまだ一年足らずなので、たくさんのお偉い先生を前に伝達することは大変なプレッシャーであった。まず音名がドレミファから日本語読みのハニホヘトに変わったのである。今の時代になっては笑い話にされるが、当時は真剣であった。音楽を軍事訓練に結び付けるための教案書きに工夫した図式などがおぼろげながら頭の隅にある。今思えば、戦争そのものより、師範学校の教師、しかも教歴一年足らずで、ベテランの多くの先生を前に伝達講習をすることの責任感で、戦争のことより毎日の勤めに大わらわの私であった。

母は、当時の北海道は開拓地という意識で、本州のことを内地と呼んでいて、青森の下北半島には軍港もあり、青函連絡船が戦争でいつ襲われるかわからないと心配して、娘を内地に転任させてほしいと乗杉校長先生にお願いに東京まで出かけるようになった。戦争中ゆえ山形の農産物やお米などをお送りしたり、しまいにはご自宅のお手伝いさんまでお世話してしまった。その当時、乗杉先生は同声会員の消息をよくご存じで、転任のお世話もなさっておられたので、早速私のことも考えて下さって、昭和十七年の四月に土浦高女に転任先を見つけて下さった。後任の先生のこともちょうど希望者があるということで心づもりができた。そして札幌男子師範の校長先生の承認も頂いたが、札幌女子師範が昭和十七年三月に第一回の卒業生を送り出すので、兼任の校長ではなく、新任の北海道女子師範学校長が第一回生を送り出すべきだということになった。女子師範学校長が決まると、転任には新しい校長印が必要だと言われて、新任の校長の着任まで待つことになった。徳島女子師範の校長先生が新任で、その校長の着任まで待って校長印を頂くだけになっていたが、新任の校長先生は、「私が一番苦手なのが人事で、後任にお会いしてからでなければ印は押せません」とすぐには印を押して下さらなかった。それで後任の先生と一緒にお会いすると、新任の校長先生は拒否されて印を押しては下さらなかった。私としては非常にショックだったが何ともできなかった。なぜならば国立の学校にて授業料免除を実務で返す義務がある。東京音楽学校の場合、その期間は一年半であり、あと半年は退職が認められないと定められていて、校長の命令に従わなければならないからである。乗杉先生は、北海道も春を迎え気候がよくなるので半年辛抱して退職するしかないと納めて下さったので、九月まで札幌にとどまった。生徒は勤労奉仕で農場に動員されていたために、離任式なしのさよならだった。

母校の音楽学校も学制改革で卒業が短縮され、ちょうど九月が卒業で、私の後任は新卒の後輩の方が着任された。十月の北海道は紅葉の盛りで、内地では見たこともない大きなカエデの紅葉が真っ赤にいろどった阿寒湖、摩周湖、屈斜路湖、美幌峠と、母を伴って二度と訪れることはないだろうと見て回った。たった一年半の期間ではあったが、私にとって百八十度も違う体験をした一人立ちの第一歩を北海道に残して郷里に帰ったのだった。

乗杉校長先生には、卒業の時辞令を頂いた際に我を忘れて失態を演じたこと（四二頁に記述）がきっかけになって、卒業後色々とお世話になった。在校中は近寄りがたい存在だったが、卒業後は校長先生自らが私ばかりではなく、同声会員の皆に親しくお声をかけて下さり、お世話して下さるので、演奏旅行で地方にお出かけの途中、通り過ぎる駅でも列車が止まるホームまで出迎える会員が多いと言われるぐらい慕われておられた。もっとも今の新幹線とは違い、慌ただしくない時代の頃で、汽車が駅に停車して発車するまで少なくても十分間という時間があったので、心を伝えることができた時代であった。

## 二、東京都立第一高等女学校教諭時代
## 〜昭和十八年一月から昭和十九年十月まで〜

昭和十七（一九四二）年十月に北海道から郷里の米沢市に帰った。その当時は、若い女性は未婚の場合全員が女子挺身隊といって、いずれかの軍需工場に働きに行かなければならなかったので、私もただ、家にいるわけにはいかず、東京音楽学校の聴講科といって卒業生が勉強するコースがあったので、進学の希望を出して上京することになった。昭和十八年一月であった。声楽コースで一週一時間で試験はなく、学生時代に教えて頂いた長坂先生にまた教えて頂くことになった。

そして登校すると、乗杉校長先生からお声がかかって校長室に伺うと、都立第一高女（現・白鷗高校）に併設されていた第十四高女が独立するので、その学校に勤務してみないかと言われた。実のところ、勤める希望は持っていなかったが、北海道のこともあり、気を掛けて下さっていたようで、その場ですぐ第一高女に電話をかけて私のことを紹介して下さった。その時、学校への提出書類として、私の成績表と紹介状を渡された。その書類は開封のままだったので、何気なくその中身を見てしまった。すると修身という項目があり、在学中にそんな授業名はなかったと思って見てみると、百点評価で七十五点で、全体の評価の中で一番悪い点数であるのに驚いた。考えてみると、在学中に成績表をもらったという記憶はなく、初めて自分の成績表を見ることになった。全体として意外にも良い

評価という印象で、開封扱いでもあったので、などと校長先生が意図的に作文されたのでは、などとおかしな気分になった記憶がある。

実際に就職したのは都立第十四高女ではなく、都立第一高女の方であった。都立第一高女には東京音楽学校の大先輩の中田ソノ先生（明治四十五年声楽科卒業、同期に沢崎宅之先生、中山晋平氏がおられる）と橋本清司先生（昭和八年三月甲師卒）が教えておられて、私は中田ソノ先生の後任ということになった。北海道では音楽担当は私一人であったが、都立第一高女に来て初めて橋本先生という教職の先輩の方と勤めることになり、色々教えて頂いて大変お世話になった。都立第一高女は東京音楽学校に歩いていける場所にあり、初めからお許しを頂いていたので、自分の学びの時間と生徒に教える教育の時間とが持てた有意義な職場であった。

時勢は戦争の最中、状況は一段と悪くなり、学校への通学、通勤には、モンペ姿に防空頭巾と薬袋を肩にかけ、胸には自分の住所氏名と血液型を書いた名札を縫いつけておくことが義務付けられた。昭和十九年四月には在学生の三、四、五年生は、学校の教室で通信機器の組み立て作業を行うようになり軍人が監督をしていて、一日中授業のない軍需工場になった。さらに二学期になると、一、二学年も学校の近くのライオン歯磨工場に動員され、学校での授業は全く行われなくなってしまった。私は、十月にまた生徒とは挨拶を交わさず、退職届だけを出して郷里の米沢市に帰った。

都立第一高女は、昭和十九年三月十日の東京大空襲で下町が焼け野原と化してしまった中、ただ一つ完全な形で無傷のまま奇跡的に焼失を免れた。後に聞いた話では、空襲の日に当直だった先生は死ぬ思いの恐怖だったという。戦前、都立第一高女は女子教育のモデル校として、香淳皇后が行啓された。それを記念して、アーモンドタワーという塔が建立され、第一高女のシンボルとなっていた。私も毎日校門をくぐって眺めた、なつかしい心のよりどころであった。

昭和六十三（一九八八）年、昭和の終わりに創立百周年を迎えて式典が行われた。私は四十数年ぶりに、以前と全く変わらないアーモンドタワーのある校舎を目の当たりにして、目頭の熱くなる思いだった。また、昭和十八、九年にご一緒した先生方ともお会いできて感無量であった。記念行事の音楽会が東京文化会館で催された。戦後、学区制が敷かれてナンバー制が廃止され、地域になじむ白鷗高校という下町の学区にふさわしい名となり、また、男女共学となって下町の特徴を生かして日本音楽を授業に取り上げ、記念行事では、太鼓や男女合同で三味線の合奏を聴かせて頂いた。この百周年を機に校舎は建て替えられたが、アーモンドタワーは

（戦前）　白鷗高校のシンボル、アーモンドタワー　（新タワー）

今でもそのまま残っていて、白鷗高校のシンボルとなっている。

## 三、米沢工業専門学校
### （昭和二十四年山形大学工学部となる）
### 〜昭和二十一年十月から二十四年三月まで〜

昭和二十年四月十日、海軍兵学校機関科教官（内燃機関）技術大尉と結婚して同年八月十五日には広島県の江田島で終戦を迎える。山形県の出身ではあるが、戦争体験は、江田島に住んだので呉軍港の爆撃、軍港内停泊の軍艦「榛名」めがけての空襲、そしてなんといっても対岸の広島への原爆投下の瞬間の体験である。終戦の詔勅を江田島の兵学校官舎で聞いた。八月十八日に広島の原爆投下直後の広島駅から大阪で乗り換え、北陸本線経由で郷里の米沢市に引き揚げた。主人は兵科出身ではないので一ヶ月で退役。米沢市に戻り、米沢工専の講師となる。私は、この米沢工専の校長に請われて、米沢工専の音楽クラブの顧問となった。

当時は都会からの疎開の学生が多く、ピアノ、ヴァイオリン、チェロなどの楽器の演奏ができる者もいたので、合奏、合唱の音楽会を昭和二十一年十一月には実現することができた。さらに、ＮＨＫ山形放送局から依頼されたりして、米沢市の文化活動の先駆となり、米沢工専の音楽会が市民の期待する行事になった。中央から葦原邦子、高英男を招いて音楽活動を広げたりもした。昭和二十四年に学制改革で山形大学工学部となったが、この時点で学生だけでも自立できるようになったので、私は興譲館高校との兼任が大変なので辞任した。

## 四、山形県立米沢興譲館中学校
## （昭和二十四年米沢興譲館高等学校となる）
## ～昭和二十二年四月から二十九年五月まで～

戦前は、男子は中学校、女子は女学校で学んだが、昭和二十四（一九四九）年から新制高校として、男女共学となった。戦前の学制の仕組みから話を進める。

中学校は、男子は五年制だが、女子は都道府県庁所在地だけが五年制で、他の都市は四年制である（これは公立の場合で私立の場合は五年制が多い）。戦前の中学校では、音楽は必修ではなかったが、国家的行事として、式日、例えば天長節、明治節、紀元節などの祝祭日があって、その式日には式日唱歌を歌わなければならなかった。女学校には音楽教師が在職していたが、中学校に専任の音楽教師が在職するところは少なく、ほとんどの中学校は二年生まで時間講師が来て教えていた。ただし、六大都市の中学校、ミッション系の男子校では専任の音楽教師が教えていた学校もあると思うが、地方の中学校にはいなかったと思う。それは男性の変声期の時期と関係すると思われる。しかしその当時、式日には式日唱歌を歌唱するため、なんらかの形で代行する教師がおられたと思われる。

そのような状況のうち、昭和六（一九三一）年に文部省が男子校にも音楽を必修とするようになった。但し週一時間で二学年までだったので、専任の音楽教師でなく、時間講師で済ませるか、式日唱歌を担当していた他の教科の先生で補う形をとっている学校が多かった。それは、時間数が少ないゆえ当時の校長先生の選択で他教科の先生の兼任で済ませてもよかったようである。

私の勤めた興譲館中学校の場合は、音楽教師を校長先生が独断で指名したことで生徒がストライキを起こしたことがあって校史に残っている。それは、図画を教えておられたK先生を、音楽も同じ芸術分野だから大丈夫だろうとご本人の承諾を得ず発表されたので、K先生は憤然として辞職されてしまったという。これを知った昭和七年卒業の最上級生一同が、市のはずれの山小屋に授業を放棄してたてこもるという事件を起こした。さらに、その時購入したピアノについても疑義があったということも重なってのことであったが、校長先生が指名したK先生は、出身校が昔の美術学校（現在の東京藝術大学美術学部）であり、美術学校を卒業してから、当時東京駅の設計をしておられた辰野金吾博士の傘下に入って東京駅の仕事を終えた後に、母校の興譲館中学校の教師になられたという経歴の先生だったので、校長先生の安直な考えに憤然とされた思いは察することができる。

その後は図画の後任の先生が決まり、その先生が音楽を教えることも引き受けて落着したという。その後の音楽の授業は専任講師ではなく、英語や国語の先生が兼任されたので、生徒にとってはエピソードとなって卒業後も語り継がれている。その二、三例を紹介してみる。

戦前は男子生徒が愛好する楽器にハーモニカがあって、比較的簡単に覚えられるので自習することができたし、ハーモニカの学習本は、楽譜がドレミファを1、2、3、4と数字に置き換えてわかりやすかったので、学校にもハーモニカのクラブができた時代だった。それでハーモニカが得意な英語の先生が授業を何年か教えておられたが、当時の軍関係の学校に急に転任を命じられた。期日が三学期の初めなので、一月一日の式日を控え、後任に音楽関係の先生を指名できず、後輩の英語の先生にお頼みするしかないと、十二月の休みにハーモニカの数字譜をピアノの鍵盤に書き特訓、何とか間に合わせられるところまでになった。後を引き受けた英語の先生は、十二月三十一日の夜遅くまで最後の練習をして帰宅された。元日の朝出勤してピアノの蓋を開けると、前の晩まで書いておいた鍵盤の数字が消されているのでびっくり！　慌ててしまい、何とか初めの音の部分だけを探して、後は生徒の歌う声で助けられたという。ピアノの鍵盤に書いた数字が消されたのは、一月一日の朝早くに用務員さんが会場を点検に来て、ピアノの蓋が開いていて数字が書いてあるのでびっくりして、生徒の落書きだと思い急いで皆消したということであった。夜遅くだったので蓋を閉めないでしまった結果の出来事だったと、後の笑い話になった。

そんな訳で、音楽専門ではない先生の授業は、生徒にとっては面白くなかったようである。ある卒業生の思い出の記に、

「美恵子先生が赴任される前に興譲館中学校に音楽の授業がなかったという訳でもない。昭和十八年の四月、五年生から校庭で校歌と応援歌の特訓があり、次に軍歌の加わる音楽の授業は、国語のM先生の担当だった。ナマズというあだ名の先生から習った音楽の曲目は、皇室礼讃？のものかと思われる万葉集調の天皇陛下の応援歌のような『大君は、神にしませば天地《あめつち》の…』『御民《みたみ》われ…』など『オーキミハ…』のくり返しで、高音部は雄鶏のトキの声になってしまう。おかしいので生徒は笑いをこらえるのに困った。別の学年では音楽の授業は六校時に当てられ、何か学年行事があれば繰り下げ授業となり、時々はなくなってしまい、月に一時間程度になってしまうこともあった。担当は歴史地理の先生で、本教科の都合で音楽は休講が多く、口移しの授業で声がよくなかったので〝ボッコレ声〟で気の毒だった」

と書いている（〝ボッコレ〟とは、方言で壊れている状態のことをいう）。

他にも、なかなか音楽担当の適任者がいなくて困っていた校長先生が、日曜日に学校へ行ってみると、宿直室からレコードの音が聞こえた。その日の日直の体操のH先生がおられたので、この曲がわかるのかと話しかけたら、ベートーヴェンの「運命」だと答えられた。難しい外国の曲の名前まで知っているということは――と、早速音楽も担当してほしいとH先生に白羽の矢をたてられた。ところが、H先生は退屈でたまたまレコードが置いてあったからかけてみただけで、鑑賞ではないとびっくりして何度も辞退したのに、校長先生が必死に頼まれるので、致し方なく受け入れてしまわれた。そして教えられたのが、出身地の民謡だった。それはH先生が新潟の出身でスキーの歌だったが、楽譜でなく口移しで、一学期は一番だけ何とか歌えるようになった。二学期は二番、三番と、その歌だけ。そして三学期は試験となり、まず楽譜でなく歌詞だけのプリントなので、一人ずつ歌うことになると確固たる自信がなく、歌う人によって音程が違うので、試験ではなく、どんな歌い方が出てくるかの方が楽しみになって面白い授業だったと、話をするごとに思い出し笑いとなる程だった。生徒にとっては音楽という授業とは捉えられない複雑な思いの時間であったようである。

現在では器楽教育が盛んになり、また、男女共学なので芸術単位として必修であり、音楽を愛好する男子学生も多いかと思う。楽器の種類も多くなっている。

終戦直後の昭和二十一、二年の頃は、日本がそれまで経験したことがない社会状況になり、学生たちの中には予科練や軍関係の学校から復学した生徒もかなりの人数が在籍していた。さらに、教科書が墨塗りにされていたり、先生の教える内容が戦前は軍国主義だったが、百八十度も変わって戸惑いを感ずる状況になり、生徒たちは何を目標にしてよいか迷っていた。昭和二十一年の明治節は文化の日となり、学校も文化行事を行ったが、そのような学校生活の様子を見て、興譲館中学校の校長先生は、その時の生徒たちのとった行動を見て嘆き、早速に学校改革の一環として情操教育を取り入れるべきだと考えられ、音楽教師の人選をされることになった。当時の米沢ではなかなか音楽の有資格者が見つからず、私に声がかかった。

私は、昭和二十年の暮れに弁護士であった父が急逝するという思いがけない悲しい出来事に見舞われた。戦後の日本はアメリカに占領されて社会状況は一大変革を遂げ、財閥解体、財産封鎖、地主制度廃止、さらに新円の切替でそれまでのお金が使えなくなり、日常生活が一から出直しとなってしまった。父の急逝で弁護士として事務の受け継ぎや依頼人との対応などで母は大変な思いだったが、一応父の仕事の後始末が終わっても、何かと依頼人の方からお声がかかり、大学勤めだった主人が急に方向転換すべく大学勤めを辞めて上京、東大の法学部に入学してしまう状況になって、私が働かねばならなくなっていた。興譲館中学校には従弟が英語の教師をしていたが、当時は男女共学などの学制改革の話が出ていた時でもあったので、従弟が私を紹介して、校長先生の決断で、男子校の興譲館中学校開校以来、初めての女教師（おなご先生）として就職することになったのである。

昭和二十二年四月に旧制中学校、男子生徒だけの学校の一年から五年生までを教えることになって就任式を迎えた。講堂いっぱいの男子生徒ばかりの中、壇上で着任の挨拶をした時の緊張は、新任の北海道女子師範学校とは格段の差で、何を話したか全く覚えていない。生徒の方も、後日談でその時の生徒の多くが覚えているのは、私が壇を降りて講堂を出ると間もなく、再び校長先生が壇上に立たれて、「お前ら、女の先生だと思って騒いだりしたら、承知しないぞ」と訓示されて生徒たちはびっくりしたことだった。初めての女教師でしかも音楽を教えるということで、男子生徒は興味津々であった。

ただ、私は、初めて教職に就いたのが北海道の男子師範に併設された北海道女子師範で、時間数の関係で男子師範の生徒を教えた経験もあり、違和感はさほどなかった。だが、音楽教室もなく、ピアノが置いてある講堂が教室として与えられて、初めての授業に出かけた。そして講堂の扉を開けてびっくりしてしまった。広い講堂の二列ぐらいの席を埋めている生徒の数の多さにである。美術との選択制なので、音楽の場合は試験の時以外あまり個人が課せられる作業（美術の場合は、絵を描く、あるいは物を作るなど）はないという特典があるので、選択する生徒が多いのだと思われる。意外におとなしくしてくれ、礼儀正しいというか興味を持っている態度が感じられた。今、考えを及ばせると、戦争体験と平和というギャップを理解することができるが、校長先生の試みが生徒たちに伝わっていたのである。しかし、校長先生は初めての女教師に対する生徒がどんな態度をとるのか心配されて、音楽の授業の時には必ず見回りに来られ、講堂の扉を閉めるシンバリ棒を引きずって生徒に警告を与えて下さっていた。生徒は、校長先生の思いとは反対に、真面目に音楽を求めて、私に対しても厚意をもって接していたのだった。

昭和二十二年の頃は、教材は特に決められていないし、変声期ということも考えて、教材の歌は自分で選んで用意していた。それゆえ、ガリ版で音符を書いて刷ってという仕事を各学年分毎日繰り返していた。大変な労力だったが、私はまだ二十代だったので耐えられたのだと思う。

私が教えたのは日本の戦後の無の時代、昭和二十二年から昭和二十九年までで、昭和二十二年に教えた生徒は、旧制中学の五年生で、この学年は卒業前の四年でも旧制の高等学校に進学することができたので、同じ学年でも卒業年次が違う生徒たちである。それゆえ初めて教えた学年は、昭和二十三年卒と二十四年卒の生徒で、次の年から学制改革で教育制度が変わって、六三三制度になった。昭和二十五年卒の生徒は、新制高校の男女共学の卒業生となった。ただし、新しい制度になったが、校舎は元のままで、男女共学でも学ぶのは男女別々の校舎で、米沢高等学校の東校舎と西校舎という名称で呼んでいた。実際に受ける授業は、元通り別々の校舎で学ぶが、行事や生徒会は合同で行われた。新しい六三三制度になった時に卒業した小学生は、新しく創設された学校、校舎に小学校と同じく男女共学で学ぶことになり、米沢市では三つの新制中学が発足することになった。

この学校は義務教育で、全員が今までの小学校六年の義務教育が三年延長されて、昭和二十四年四月からは、日本の国民は九年間の義務教育を必ず受けることになった。この年から教育制度が変わって、ちょうど過渡期ゆえ複雑だが、旧制中に入学した生徒は五年生ゆえ新制高校への入学試験なしで高等学校に進学できたが、新制中に義務教育制で進学した生徒は、新制中の三年修了と共に新制高校への進学を希望する場合は試験を受けなくてはならないことになった。私は、旧制中に勤めていたので、旧制中の男子だけの生徒を昭和二十六年まで教えて、昭和二十七年からは新制高等学校のカリキュラムに従って芸術単位として卒業までに二単位を修得する課目の音楽を受け持つことになった。男子生徒ばかりでなく、女子生徒も教えることになった。

私は、ちょうど戦前と戦後の激しい変わり目に遭遇したことになる。ことに戦前は、音楽は女子供が接する軽佻浮薄なものとして軽んじられていたので、男子校では教科に取り上げられていなかった。それゆえ、戦前の軍歌や、戦後の、全部が相当するとは言えないが、教育にはどうかと思う流行歌に学校外では多く触れることができたので、生徒から流行歌を教えてと言われて（東京音楽学校では禁句であった）、私がどのように対応していたか、当時の中学校の学校新聞に私が書いた記事を見つけたので、その一部を掲載する。

「よく音楽はわからない、西洋音楽などはわからない――という人がいる。それなら音楽がわかるということは何か、というと、音楽を味わう心を持つことであり、音楽に対して敏感に動く感情を持つことである。それゆえ、むずかしい理論や技術を修得した者のみが音楽をわかるのではない。しかし、音楽を味わう心は常に刺激して鍛錬しなければならない。そして健全なもの、良い音楽に接することが必要である。ここで問題になるのが流行歌であるが、流行歌が多くの人に歌われるのは、まず第一には量的に、学校と社会では、社会から受ける刺激と量の方が多いからなのです。しかし質的にみると、全部が全部とは言えないが、健全な高い心に育てる資料としては適せず、社会に秩序のあるごとく、音楽にも音楽的秩序があり、従って学校音楽としては適さないと思う。では教材に取り上げている西洋音楽は模倣だと考えられているが、絵画の場合を考えてみよう。よく言われることだが、芸術に国境はない。美しいものは誰でも美しいと感じる。外国人の作曲した曲でも、日本の言葉をつけて、私たちが歌う時は我々の音楽である。しかしそれ自体が我が国の音楽ということは至当ではなく、今の邦楽も元は数千年も昔に移入され、長い間に日本の思想、感情に消化されて初めて真の邦楽になったのである。洋楽は明治維新前後に輸入され、まだ日が浅く、これを基として、新しい音楽を生み出さねばならないので、その自覚を持って音楽を味わう心をより高く、より健全なものに育てていかなければならないと思う。また私は、流行歌についいて勉強していないので、教える自信はありません」（昭和二十二年当時の学校新聞からの抜粋）

終戦間もない頃の生徒は、大きな喪失感があって、上級生は相当に希望を失っていた。それゆえ、今まで経験しなかった、女の先生による音楽という授業には相当興味を引かれたらしく、校長先生が危惧した「いたずら行為」などは全くなく、私の選ぶ教材も真面目に歌い、下校の道でドイツの曲だとか、イタリーの民謡だとか話題になったと話してくれた。ただ、下級生は学校に入学したばかりで変声期の真っ只中、それほどの精神的な葛藤もなく、少年という行動で授業を妨害する生徒もいた。私はそのような生徒に「あなたたちはこれから何十年と生きていくでしょう。週二時間、そして二年という僅かな時間数を考えると、人生という長い時の中の僅かな経験であって、必ず役に立つことがあると思うから、有効な時間として大事に過ごしなさい」と説教したが、三十年後に説教を形にしたような出来事に出合うことになった。

それは三十年後のある日、一冊の本が私のところに届いた。開けてびっくりである。というのは、昭和二十五年頃に私がガリ版刷りした楽譜が立派な一冊の手作りの本として、きれいな表紙がつけられて戻ってきたのである。早速開いてみると、中は茶色く変色した楽譜だが、まさしく私が手書きで書いた楽譜の数々、それに楽典までを立派に製本したものだった。それは現在教師として勤めている昔の教え子からの贈り物で、私自身はすっかり忘れていたものだった。教材にした曲を見てみると、随分むずかしい曲や、有名な外国の曲などで、それにびっくりしたのは、楽典で楽器の形まで自筆で書いてあり、中学校の男子生徒にとってさぞ退屈であったろうと思えるものまで教えていたことがわかり、またほとんど忘れている曲があったりで、感激してしまった。

戦後の無の時代は、人の心も無で、求めて止まない純真さや純粋さがあったことを思い出す。そのような時代の生徒との結びつきが、時を経て具体化されたのである。ちょうど米沢市の市制百周年の時(一九八九〈平成元〉年)で、それまで少人数ではあるが、消息を取り合っていた昔の音楽クラブ員の集まりが企画されていたので、市のお祝いに参加しようと合唱の練習を始めることまでに発展した。総勢百十数名が東北、関東、関西各地から集まって、混声、男声合唱(昔の教え子の山大卒業生、興譲館高校OB・OG、かつての個人的な教え子も参加)を発表することができた(七〇頁からのプログラム参照)。その時の感激は言葉には表せないほど強かった。今の世の中では、全く考えも及ばないくらいの社会状況、人の精神のもち方も違う時代に育った人たちが築き上げた成果であったからである。戦後の日本の貧しい時代に学んだ生徒たちが培った結びつきは、純粋でエネルギッシュな力ゆえ、すばらしいものを作り出すのである。それが音楽を通じて結ばれ、私が苦労した終戦当時の焼け跡から芽生えた結びつきだった。

それゆえ、その時からまた音楽の活動が始まって、全国から集まり、限られた時間を有効に使って、私の喜寿、傘寿、米寿を、合唱の演奏会を開催して祝ってくれたのである。世の中は音楽の溢れる社会になって喜ばしいと思うようになってきたが、全国各地から集まって、時間と練習の場所をその度毎に探さなければならない犠牲を払ってまで祝って下さるということは、教師冥利に尽きるの一語である。

米寿を祝う集いの時（二〇一〇〈平成二十二〉年）、私はふと思いついて、母校、東京音楽学校の奏楽堂が、昭和六十二年に台東区に移譲され、民間人も利用できるということで、本番は故郷の米沢で行うが、練習のゲネプロの場とすることによって、演奏参加の人たちや東京近郊の郷里出身の人たちとの交流もできると、台東区に申し込みをして、平成二十二年七月、私が音楽学校を卒業（昭和十六年三月）してから六十五年ぶりに奏楽堂の舞台に教え子と共に立つことになり、この上ない幸せを天から授かったと喜ぶことができた。生徒も喜寿、傘寿の齢を迎えており、音楽専門を目指して教師となった生徒の指揮、伴奏で、聴衆はほとんどが教え子及び家族で会場を埋め尽くし、一堂が思いを一つにできた大団円となって、私は母校に感謝したのだった（八一―八五頁参照）。

その後、これまでの音楽生活を振り返り、昔のアルバムや史料を整理し始めて、その中で私の過ごした時代が、戦前、戦中、戦後、特に東京音楽学校が東京藝術大学へと発展し、かわりに師範科が他へ移ったので、その中に捨ててしまうには惜しい歴史を感じる物などがあると思って、何らかの形で生かして頂く方がいいかと、藝大の同声会に送ってみた。するとアーカイブ史料室の橋本久美子先生（大学史史料室　音楽特任助教）から私の出した史料についてのお尋ねがあり、藝大の音楽学部にアーカイブ史料室ができたことを知った。藝大百周年記念事業としてこの資料室が始動することになった経緯と、さらにその史料室を担っておられる橋本先生は、私の娘（滝沢達子）が卒業した楽理科の後輩であるということを存じ上げることになったのである。

そのことから、井上澱子先生が百三歳でご存命（平成二十八年時点）であり、昭和八年ご卒業なので、情報となる史料をと連絡をとるうちに、奇しくも私の出身校の米沢高等女学校の校歌の成り立ちのことがわかったのである。前述したことであるが、井上先生は、私のピアノの手ほどきをして下さった先生で、東京音楽学校を卒業後、初めて音楽教師としてお勤めになった米沢高女で、校歌の作詞者が音楽学校の時の担任だった高野辰之先生であることを知って、大変感激されていた。早速お手紙と共にその頃珍しかった米沢の梨（パートレット）を送ったら、すぐに高野先生からお返事を頂いてまた感激したというお話を、昔私にして下さったことがあった。高野先生はその当時、国文学者として大変有名な先生で、また、作曲者は信時潔先生で、やはり音楽学校の教授として留学から帰られた新進の作曲家で、井上先生はこのようにすばらしい方々の作品として、記憶に残っておられるという。

その校歌は、昭和六年に改正されたもので、同窓会では、昭和の時代には前の校歌も一緒に歌われていた。今は古い校歌を知っている卒業生がいないので歌われない。新しい校歌は、依頼して作られた曲であることは学校の記録に残っている。

ところが、このたび橋本先生からの情報で、井上先生が感激なさった校歌の素晴らしさを知ることができたのである。それはアーカイブ史料室に、作曲を依頼された方の手紙が残っていて、コピーを送って頂いたことによる。手紙の送り主は、米沢高女にお勤めをなさっていた音楽の先生で、山本さだ先生であった。しかも、山本先生は米沢市の福田町生まれで、明治三十六年米沢高等女学校を出られ、その後、東京音楽学校師範科に進学された私の大々先輩であられた。米沢高女にお勤めになったのは昭和になってからと思われる。卒業なされて新潟女子師範にお勤めになられ、山形女子師範に転任されて、その後に米沢高女に着任されたと思われるが、はっきりした日時は不明である。井上先生の前任者でいらっしゃると思う。藝大の音楽学部のアーカイブ史料室には、山本先生直筆で高野先生を指名して、米沢高等女学校の作詞をお願いなさって、作曲はしかるべき方をと、東京音楽学校の校長先生宛にご自分のお名前で昭和六年に依頼書を出しておられる。たいへん立派な達筆の手紙である。山本先生は、高野先生を名指しでお頼みなされたので、東京音楽学校の校長先生は作曲者もそれ相応の先生をと、当時一番ご活躍の新進の作曲家として、信時先生をお頼みになって下さったのだと思われる。それゆえ、井上先生が赴任されて校歌をご覧になって、感激なさったお気持ちを改めて悟ったことになった。私は井上先生のアルバムを見て、高野先生を存じ上げたが、信時先生とは今話題になっている「海道東征」の書き下ろしの時で、三年生の大半をその曲の練習で費やし、今も「やまと言葉」の歌詞のところどころが頭に浮かんでくる程で、印象深く残っている。その他信時先生が次々と作られた新曲を学んだ生徒時代だった。残念ながら山本先生に直接お目にかかる機会は逃してしまった。

私と井上先生との出会いは、全く偶然のことで、小学校でのピアノ購入の披露のコンサートがなかったら、私の人生は別な道に入っていただろうと思う。井上先生にピアノの手ほどきをして頂いたことにより音楽教師としての道に進んで、沢山の幸運と心の糧を得ることになった。ところが、井上先生とのご縁は、奇しくも音楽学校の時のピアノの先生が同じ川上きよ先生であったり、昭和十八年に勤めた都立第一高女の橋本清司先生は井上先生の同級生であったりとご縁続きで、先生に再会したのは七十歳の頃である。井上先生が三多摩合唱連盟の役員として、また女声合唱団の指揮者としてご活躍の頃で、在京の私の同期生（井上先生に担任をして頂いた米沢高女の生徒たち）と音楽会を聴きに行った。その後、平成二十五年に百一歳のお誕生祝いの会にお招き頂き、その席で前述した米沢高女の校歌をいまだに覚えておられて感激したのである。

　井上先生に教えを受けたのは二年弱の短い期間だったが、最初の出会いは私が十三歳の時、これを書いている時点の私は九十五歳、恩師として長い間いろいろなご縁を頂き感謝の極みである。

# 音楽会の記録

音楽会の記録として、私の記憶に鮮明に残っているのは、平成元（一九八九）年米沢市市民文化会館での「コール・ユーベルジンゲンの集い」である。この年は米沢市制百周年にあたり、またそれを記念して米沢男声合唱団が結成され、そのメンバーの大半が、私が勤めていた旧制興譲館中学（男子校、のちに共学高校）の教え子であると知った。私が米沢を去って四十数年が経過している。懐かしさと、彼らに会って昔教えた歌（菩提樹やハレルヤなど）をまた歌ってみたいという思いで声をかけてみた。彼らのほとんどが米沢から北海道、名古屋、大阪、金沢、秋田、東京などと離ればなれになっており、参集はあまり期待していなかったのだが、興譲館出身者以外にも、米沢の自宅でピアノや歌を教えていた方々を含め総勢百数名の賛同を得て、それこそ再会の「喜びの歌声」という意味の「コール・ユーベルジンゲンの集い」を実現できたのであった。聴衆は出演者の家族なども含めて千人以上、会場から大きな拍手、また最後には聴衆の方々も舞台に上がって「ふるさと」の大合唱となり、人と人の邂逅、出会いの幸せに涙する感動の日となった。またプログラムのデザインは米沢の有名なこけし作家、山中三平氏による沢山のこけしが並んだもので、ひとりひとり歌う表情を思い起こさせてくれる印象深いものである。音楽会の前日は雨で、少々心配だったが、当日朝早くに、「センセ！　晴れた!!」という歓声で起こされたのを憶えている。この「コール・ユーベルジンゲンの集い」は、市制百周年という時宜を得て、米沢を離れた方々を米沢市市民文化会館に再び引き寄せ、米沢の音楽文化の有り様を認識させる意味があったと、今にして思える。

この音楽会の後は、毎年企画される興譲館卒業生の同期会に招かれ、その酒宴で「昔、美恵子先生の教え給いし歌」として「古い顔」と題した歌をうたい、二六会、二七会、二八会という卒業年次の名称の集まりに招かれていた。それは音楽会の記録ではないが、音楽を通じた集まりではあった。

そして市制百年の音楽会から十年後の一九九九年に、喜寿（七十七歳）の祝いの声がかりが教え子方からあった。東京・銀座のビアホールが会場というので着物姿で出かけたのだが、そこにはピアノがあって、皆にはあらかじめ「乾杯の歌」「荒城の月」などの楽譜が配られており、私は着物姿で合唱にピアノで伴奏することになった。この後、私の賀寿ごとに、音楽会スタイルでその都度趣向を凝らしたコンサートが行われ、傘寿（八十歳）、米寿（八十八歳）、卒寿（九十歳）、そして白寿（百の字から一を引いて九十九歳）と続くことになった。白寿の折、その都度の状況を写真集のスタイルで私家版としてまとめた。音楽会の記録の他に先述の興譲館卒業年次ごとのお集まりの会の写真や、私とは違って世界の民族音楽、音楽教育研究を専門とする娘の調査・国際学会発表の出張に同行し、四十六の国・地域に観光気分で訪問した時の写真なども集め、『私の音楽人生フォトメモリー／大正、昭和、平成、令和をかえりみて』と題した写真集を作成し、ご参集下さった方々に差し上げた。そして一頁ごとの説明をしながら、それぞれの心の中に〝音楽を響かせて〟頂いたのだった。

それが二〇二〇（令和二）年。世間に新型コロナという正体不明の感染症への不安感が広まっていた時期である。娘が米沢の会場のホテルへ人の参集や会食などの問題を問い合わせた際、前例が既にあり、音を出すのは駄目だが、祝宴の企画は問題なしと承諾を得た。しかし当初予定していて白寿の企画を支援、参加して下さることになっていた米沢在住の女性方から、娘が私に伝えたくないと感じるようなクールな言葉での欠席連絡があった由。逆に、私に五分でも十分でもどうしても会いたいと、わざわざ感染地域の東京からの直行を避けて山形経由の遠回りで参加された方や、米沢でクラス会を重ねて計画し東京から参加の男性方等々、当初の予定の半分ほどながら二十人の参集を得て、少々複雑な思いにかられたが、何とか祝いの宴とすることができた。

　特に印象に残っているのは、いわば飛び入りで、かつて興譲館同窓会の会長だった川野希《まれし》氏の奥様がご主人のかわりに私に会いたくて連絡なしに来た、と握手を求めてこられたことだ。握手をしながら、私は不思議な感慨を覚えていた。というのは私が主人を亡くしたとき、川野氏は何を思われたのか、笹野一刀彫の一メーターほどの観音像を何も言わずにいきなり手渡しして下さって驚嘆させられたのだった。その奥様とは初対面で、思わぬ白寿の会の出会いとなった。観音菩薩といえば、私の東京音楽学校の合格発表の前日に、東京浅草寺の屋根から鶴が飛び立った夢を見て、母に伝えたところ「美恵子、そりゃ合格だ！」と喜んだエピソードは、既に「私の生い立ち」の箇所に記してある。コロナ禍の影響により故郷の米沢への想いが薄れそうになっていたが、この観音様の導きとも言いたくなる奥様との出会いにより救われたのだった。

滝沢美恵子先生を囲み
若き日の憶い出を歌う

# コール・ユーベルジンゲンの集い

日時　平成元年6月 25 日（日）　午後2時
会場　米沢市市民文化会館

滝沢美恵子先生を囲み、
若き日の憶い出を歌う

# コール・ユーベルジンゲンの集い

Chor Jubelsingen

6月25日(日) 2:00pm
米沢市市民文化会館

若き日の憶い出を歌う・甦る歌声

# コール・ユーベルジンゲンの集い

平成元年 6月25日（日）

1:30pm開場・2:00pm開演
米沢市市民文化会館

## 米沢・歌の軌跡……滝沢美恵子をめぐって

私は、昭和21年10月、米沢工専（現山形大工学部）校長の森　平三郎先生に請われ、音楽部の顧問として、戦後初めての音楽活動に入りました。

当時の米沢は、焼野原ではなく、戦前と変わらない状態でしたが、文化面では、焼け跡同然だったような気がします。そんな中から芽生えた、若者の新鮮な息吹と夢をもった素朴な心の萌芽は、寒々とした講堂の暗い裸電球にも不自由をかこつことなく、記録によると、その年の11月17日には、第１回の発表会をもつまでになりました。当時の若者の燃えた心が伝わってくる思いがします。疎開しておられた方がたにも、都会的センスをおもちの方が多く、ピアノ・ヴァイオリン独奏なども組み込まれたプログラムでした。やがて混声合唱への意欲も出て、その輪を拡げ、レパートリーも大曲へと進展しました。さらに、放送局からの招聘もあり、市民の方がたにも愛好者を得て、大きく発展いたしました。

22年５月、千喜良英之助校長先生に説得され、創立以来初めての女教師として、米沢興譲館高校に迎えられました。こちらでも、音楽クラブを発足させ、10月には、第１回の音楽会を開きました。前年の文化祭で教師一同を失望させたラジオ歌謡・流行歌を、ベートーヴェンやシューベルトの曲におきかえ、裸足でペタルを踏み、ゴム長靴をはいての独唱、愛好者だけで自学自習したハーモニカなども加えて、今ふりかえってみると、どうして、こんな大曲を歌ったり、弾いたりできたのかと驚くような曲が並んでいます。

考えてみますと、当時の生徒が、音楽を求める切なる心で努力した賜物で、教える者・教えられる者が、ともに求めてやまない心で、音楽を受け入れていった結果だと思います。

私は、山形大を25年に辞め、米沢興譲館高校には７年間在職しましたが、その間、東校・女子高・各小・中学校の方々をも、わずかな時間で十分な指導はできませんでしたが教えました。

社会人になられた方や現役の大学生の方々と、おそらく米沢では最初だったと思いますが、合唱団〝コールパッション〟を結成して、発表会をもちました。

こういった方々が、このたび40年ぶりに一堂に会して歌ってみようということになりました。

コール・ユーベルジンゲン（よろこびの歌声）と名づけて、６月25日、米沢市市民文化会館に集います。

ここで、そのきっかけとなったことなどを、詳しく申し上げる余白がありませんので省略しますが、山形大の第一歩から米沢興譲館高校までの10年間にかかわりあいのあった方がた、そして個人的レッスンの方がたは、50代、60代の熟年世代そのものとなられました。

このコール・ユーベルジンゲンの集いには、米沢在住の方ばかりではなく、大阪・名古屋・金沢・東京・桐生・仙台・山形の各地から集まっていただいております。お忙しい勤務、遠隔地という中での練習を細々ながら続けてまいりました。それゆえ、突如としてまみえるコール・ユーベルジンゲンは、発表会ではありません。合唱団を結成したわけでもありません。集まりに対する便宜上の名称ですが、時あたかも市制100周年、ふるさと創生なども推進される時代に遭遇し、エージレス人間の要求もしきりと聞きます。私たちもこの精神で、故郷に心のふるさとの音楽を携えて、なつかしい方がたにお会いしたいのです。音楽とは、音を楽しむことです。そのことをいちばんの願いとして、みなさんとともに楽しい会を実現したいと願っています。

ぜひ、ご来場いただけますよう、ご案内とともにお願い申し上げる次第でございます。

# プログラム

男声合唱Ⅰ　コール・ユーベルジンゲン　指揮　米沢　一浩
伴奏　滝沢美恵子

①ロンドンデリーエアー　アイルランド民謡　津川圭一編曲
②アフトンの流れ（オブリガート　オカリナ）
アメリカ民謡　藪田義雄作詞　松本恒敏編曲
③ステンカラージンロシア民謡　与田準一訳詞
④霜の旦（あした）　ボヘミア民謡　旗野十一郎作詞

男声合唱Ⅱ　米沢男声合唱団（賛助出演）　指揮　鍛冶　迪雄

①涙君さよなら　浜口庫之助作詞·作曲　小池義郎　編曲
②見上げてごらん夜の星を　いずみたく作曲　永　六輔作詞
③Heilig(ハイリッヒ)　シューベルト作曲　P·ノイマン作詞
④ふるさと　オナーティン作曲　作詞者不詳　オリオンコール編曲
⑤進めわが同胞（はらから）よ（ウボイ）
チェコスロバキア民謡　津川圭一作詞

男声合唱Ⅲ　コール・ユーベルジンゲン　指揮　米沢　一浩
伴奏　中田　優子

①菩提樹　シューベルト作曲　近藤朔風訳詞
②アヴェ ヴェルム コルプス　モーツアルト作曲
③狩人の合唱　ウェーバー作曲　桑田つねし作詞

休　憩

混声合唱Ⅰ　コール・ユーベルジンゲン　指揮　伊藤　俊幸
伴奏　遠藤　尚子
鈴木　浩美

①夕やけ小やけ　草川　信作曲　中村雨紅作詞　三善　晃編曲
②北上夜曲（エレクトーン）　安藤睦夫作曲　菊地　規作詞　松本恒敏編曲
③川　橋本国彦作曲　千家元麿作詞

混声合唱Ⅱ　コール・ユーベルジンゲン　指揮　伊藤　俊幸
伴奏　遠藤　尚子

①歌の殿堂（タンホイザーより）　ワーグナー作曲
②ハレルヤ（メサイヤより）　ヘンデル作曲
堀内敬三訳詞

## ご挨拶

本日のご来場、心からありがたく厚くお礼を申し上げます。

「コール・ユーベルジンゲン」については、先に「米沢・歌の軌跡」として、その成り立ちをご紹介させていただきましたので、どういうメンバーであるかは、既にご理解いただけましたことと存じます。今日の日を迎えて、万感交々胸に迫るとはこのことだと、今いろいろの思いを錯綜させております。

米沢を去って早や30数年になりますが、幸いなことに、音楽活動で知り合いを持った方々とは、20年ほど前から再会の機会を得て、旧交を温めてまいりました。それぞれ進まれた道は、音楽と関係ない方が多く、南に北に東に西にと、生活の場は違っておりますのに、30数年たった今日、若き日の憶いを胸に、一堂に会し、共に歌うことができたのは、みなさんの善意の結晶なのです。

ちょうど1年前、米沢に九里学園高校の九里校長先生を会長として、米沢男声合唱団が結成されたということを耳にいたしました。今、米沢における文化活動は、私のおりました昭和20年代とは違い、格段の進歩で、芸能すべての面で充実した成果をあげておられることはよく存じております。その中でなんと言っても、全国的に新しい運動として、ママさんコーラスが台頭し、米沢にもいくつかのグループが合唱活動を広げて活躍しておられることは、特筆すべきことだと思います。男性の方は、限られた職場のグループ活動はあっても、仕事や時間的な制約などもあって、フリーの団体が結成されるということは数少ないことかと思います。

私が米沢で、最初に音楽活動の関わりを持ったのは、山大工学部・米沢興譲館高校の男声合唱でしたから、米沢男声合唱団の誕生は、たいへん嬉しく思いました。メンバーの中に、私の教え子の方が何人か含まれており、身内的な思いがして、このグループを盛りたてたいという気持ちになったことが、今回の集まりの発端でした。もしかしたら、それ以前の20年前から始まった私を軸として集まっている、それぞれのグループの交流で演じられる音楽的雰囲気から芽生えていたものかもしれません。その思いと、男声合唱団の結成とがちょうど合致したのでしょう。結成の話を伺った頃、山形大学工学部のOB会が河口湖畔で開かれ、一夜を歌い明かすという機会がありました。もうお孫さんのいる世代のみなさんが、昔の歌心を忘れず歌い興ずる姿を見て、その時、たいへん冒険的な計画が私の心の中に浮かんだのでした。たまたま米沢を訪れた折、男声合唱団の練習を聴かせていただくことができ、世代は少し上になりますが、挑戦してみたい気持ちが湧いてきたということをお話ししました。

当初は、ジョイントでなどと思っていましたが、30数年ぶりに出す声、遠隔地の人を集める苦労、練習会場の問題等々でそれは、とてもおこがましく、それなら熟年世代のレベルで、混声合唱も加え、出来得る範囲の努力をして、米沢男声合唱団の賛助をいただくという形を考えました。山形大学工学部、米沢興譲館高校、米沢東高校、あるいは社会人となられてから参加された方々を連合して、「コール・ユーベルジンゲン（喜びの歌声）」と名づけ、音楽会を開こうということになりました。

今、改めて考えれば、不可能とも言うべき無謀に近いこの企画に、優しく手をさしのべてくださったのが、九里校長先生でした。それから髙橋市長、および市当局のご援助でございました。そして、今日ステージに立つ参加者全員の真心です。これらのみなさんに対して、深々と頭を垂れたいと思います。

ここで少し私ごとを述べさせていただきますと、私は、まことに恵まれた人生を歩ませていただいていることに感謝しなければなりません。東京音楽学校（現・東京藝大音楽学部）師範科を卒業して、最初に就職したのは北海道女子師範（現・北海道教育大学札幌校）で、次にすでに100周年を迎えました東京都立第一高女（現・白鷗高校）に、第1回の東京空襲の時まで勤めました。この時の校長は、白鷗の歴史に残る、尊敬してやまない桜井賢三という名校長でした。郷里に帰ってからの仕事が山形大学工学部で、最近胸像建立計画もあるという、偉業を残されました森平三郎先生との出会いがありました。さらに、米沢興譲館高校の千喜良英之助校長と、いずれも立派な校長に仕えることができたことは、短い教職歴の中で、たいへん幸せなことだったと感謝しております。母校藝大、白鷗高校、米沢興譲館高校は、ともに100周年を迎え、その祝典に参加いたしました。今、私の揺籃の地米沢市も100周年を迎えました。こんなすばらしい世紀に遭遇することができた喜びは、身に余るものがあります。

人生とは川の流れのようなもので、人間は、その流れにたゆとう一片の葉だと話してくださった方があります。流れ流れてある時、同じ瀬の淀みにしばし相会ったものが、またそれぞれの思いを乗せて走り過ぎて行きました。おそらく一つ一つの葉のすれ違うことはあっても、同じ瀬に再び身を寄せ合うことはないと思います。「百人一首」の中の、「瀬をはやみ岩にせかるる滝川のわれても末にあはむとぞ思ふ」の思いがあったのでしょうか。「コール・ユーベルジンゲン」は、その憶いを実現しました。「プログラム」の中の「川」は、そんな思いを込めて歌います。

昨年の9月に始まって10回、限られた時間しか練習できない中で、やれるだけのことはやりました。なんと言っても、冬をどう過ごすかというのが、一番の心配でした。ところが、100年に1度かと言われる暖冬で雪は少なく、それに米沢・東京ともに、練習日はいつも晴天に恵まれました。天に限りない感謝を捧げたい心境です。みなさんの熱意と無償の善意とが、今日の成果となりました。

曲目は、いたって古いものばかりです。ある本に、「回顧・懐古は、情緒の常である」という言葉が書かれてありました。情緒の常なることは、音楽の根源であり、これが米沢の合唱の原点であったことを知っていただき、ともに口ずさんでください。

おかげさまで練習のために帰米した9月から6月まで、故郷の四季を久しぶりに堪能することができました。煙でむせ返った吾妻山中の車窓の景色も、今は心豊かにその時々の感動をもって眺め、殊に霧氷と覚しき雪の華を見た時は、全山桜かと見まごうばかり、それはそれは美しいものでした。子供の頃はジンタの音に気をとられて、あまり印象づけられていなかった松岬城址の満開の桜にめぐりあえたことも、啄木の「ふるさとの山にむかひて　言ふことなし　ふるさとの山はありがたきかな」の思いそのままです。みなさんのご来場とともに、故郷に心からなる感謝を捧げたいと思います。

なお、このグループには、7組のご夫婦、そして親子が参加しております。熟年世代になって、夫婦、親子ともども青春を振り返ることができるなどということは、考えも及ばなかったことでした。

終わりに、こんなすばらしい会場を提供してくださいました、市当局、そして賛助出演をしてくださいました米沢男声合唱団のみなさまに、心から感謝とお礼の言葉を申し上げげます。

滝沢　美恵子

## ごあいさつ

滝沢美恵子

2002年のこの年、1922年生まれの私は、満80才となりますが、この度、昔の教え子の方々が、私の傘寿を祝う合唱の集いを催して下さることになりました。参集して下さった皆さんは、米沢のみならず、関西、関東、東北、北海道と各地にわたり、練習の時間も限られましたので、いわゆる発表会ではなく合唱の集いといった趣向の会です。曲目も、私が昔、米工専（現山形大学工学部）の音楽クラブや興譲館高校で教えていた頃に、音楽会で取り上げた歌などの、言ってみれば「懐かしのメロディー集」といったものが中心ですが、「大地讃頌」などの新しい曲にも挑戦してみました。指揮をして下さる４人は、私の教え子の中で音楽専門家となられ、札幌、秋田、米沢、酒田で活躍されておられます。合唱のメンバーは、平均年齢68才、男性はほとんどが70才以上のシニア・エイジです。

思い返せば、日本が敗戦から立ち直り、無からの出発であった昭和21年からご縁が始まったのですが、その後、私が60才の頃に、ふと皆さんのことが懐かしくなって、東京のホテル・ニューオータニで、語らいの集いを催したのが昭和58年、全国から集まって下さって、何十年ぶりかの再会の感動が、思いがけずも合唱という大団円となって、それぞれの青春時代を思い起こす場となりました。この時の合唱の感動がきっかけとなり、昭和63年の米沢市制百周年に重ねる形で、その翌年となりましたが、故郷という原点に帰る合唱の集いとして、「コール・ユーベルジンゲン（喜びの歌声）」という音楽会を米沢市市民文化会館で催しました。この年はまた、昭和が平成に年号が変わった想い出深い年でもありました。その後も、私の誕生月の３月に因んで「やよひ会」と名づけては、なにやかやと歌の集いの時を紡いできましたが、本日、このように沢山の方に集まって頂き、この伝国の杜ホールで、米沢の絆をひとつに、また再会できることになり感無量でございます。

なお、この度は、一昨年、興譲館高校講堂落成をコーラスで共に祝った同窓の方々や、また音楽を愛してやまない私的なおつきあいのある方々も参加していただいております。米沢と東京とそれぞれに練習をし、４月に皆さんが初めて集まって合同練習をした時は、上杉神社の桜が満開の日で、有史以来の桜の早咲きという千載一遇に恵まれました。その縁に感謝をこめて「さくら」も歌います。

本日は、お忙しい中を、ご来場頂きまして、誠にありがとうございます。また、教え子の方々の私へのエールに感謝すると共に、更なる皆様のご支援を頂きましたことに、厚く御礼を申し上げます。

### 略歴

| | |
|---|---|
| 昭和９年３月 | 米沢市立北部小学校卒業 |
| 13年３月 | 県立米沢高等女学校（現東高）卒業 |
| 16年３月 | 東京音楽学校師範科（現東京芸術大学）卒業 |
| 16年４月 | 北海道女子師範学校（現北海道教育大学札幌校）勤務 |
| 18年１月 | 東京都立第一高等女学校（現白鴎高校）勤務 |
| 20年４月 | 結婚、広島の江田島海軍兵学校宿舎に移る |
| 20年８月 | 終戦で米沢に帰郷 |
| 21年９月 | 達子誕生 |
| | ひなぎく会の発表会を催す（自宅でピアノと声楽を教授） |
| 21年10月 | 米工専音楽クラブの顧問となる |
| 22年５月 | 県立興譲館中学校（現興譲館高校）に勤務 |
| 29年５月 | 東京都の区立中学校に転職（検事である主人の勤務の関係で東京に転住） |
| 39年３月 | 依願退職後、現在に至る |
| 平成11年６月 | 米沢において水墨画展（雅号—星夜）を開く（60才から始めた趣味） |
| 13年５月 | 『公舎物語』—旧滝沢の家屋（現米沢警察署長官舎）にまつわる戦後史を私家版出版 |

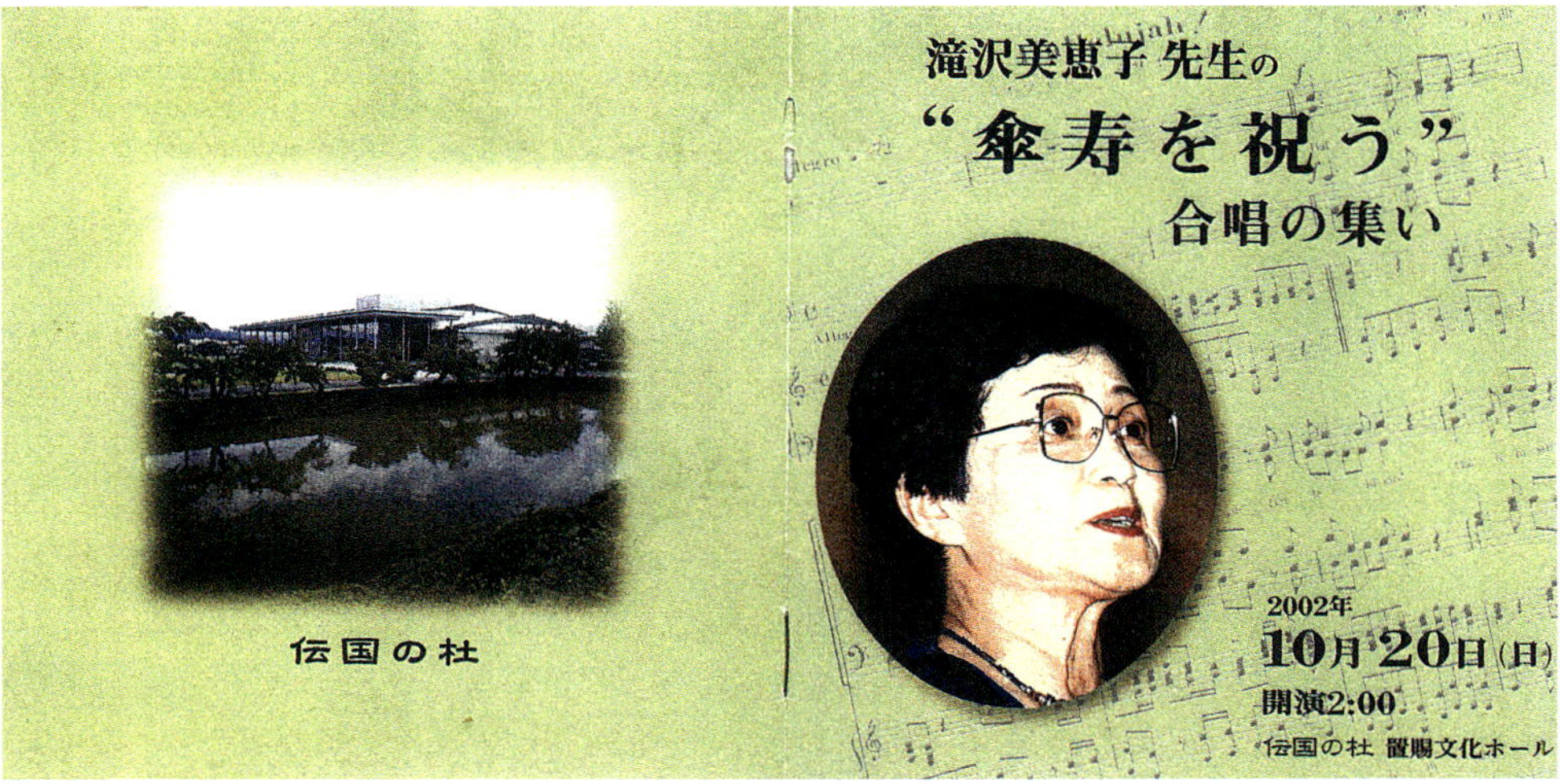

滝沢美恵子先生の "傘寿を祝う "合唱の集い　2002.10.20　於・伝国の杜・置賜文化ホール

トルコ桔梗

滝沢美恵子先生の米寿を祝う

# 合唱の集い

平成22年7月・9月

東京・発表会
日時　平成22年7月9日（金）午後2時
会場　東京都台東区立
　　　旧東京音楽学校奏楽堂

米沢・発表会
日時　平成22年9月20日（日）午後2時
会場　米沢市
　　　伝国の杜　置賜文化ホール

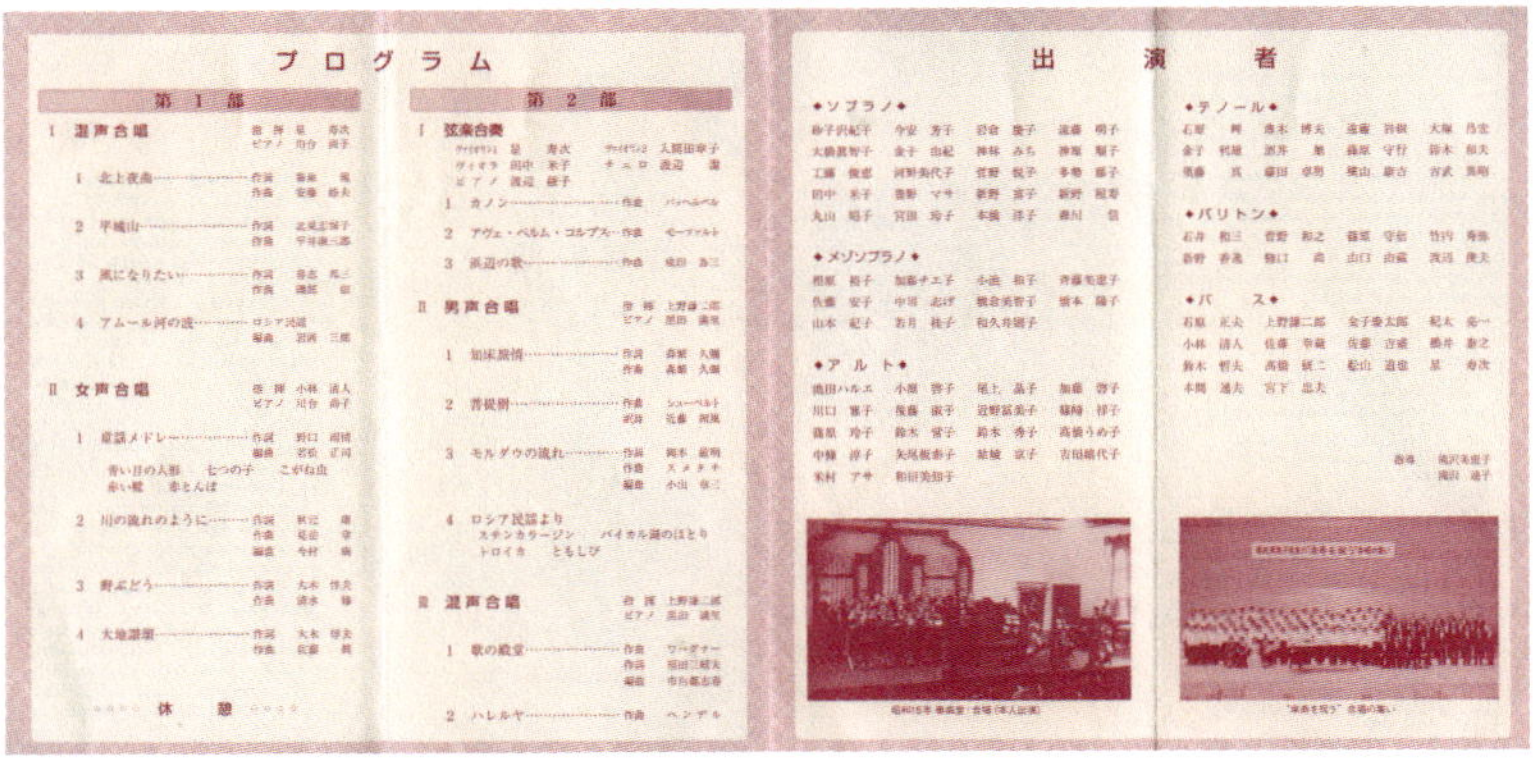
プログラム

第1部

I 混声合唱
1 北上夜曲
2 平城山
3 風になりたい
4 アムール河の波　ロシア民謡

II 女声合唱
1 童謡メドレー
青い目の人形　七つの子　こがね虫
赤い靴　赤とんぼ
2 川の流れのように
3 野ぶどう
4 大地讃頌

休憩

第2部

I 弦楽合奏
1 カノン　作曲　パッヘルベル
2 アヴェ・ベルム・コルプス　作曲　モーツァルト
3 浜辺の歌

II 男声合唱
1 知床旅情
2 菩提樹　作曲　シューベルト
3 モルダウの流れ　作曲　スメタナ
4 ロシア民謡より
ステンカラージン　バイカル湖のほとり
トロイカ　ともしび

III 混声合唱
1 歌の殿堂　作曲　ワーグナー
2 ハレルヤ　作曲　ヘンデル

出演者

◆ソプラノ◆
◆メゾソプラノ◆
◆アルト◆
◆テノール◆
◆バリトン◆
◆バス◆

# プログラム

## 第1部

Ⅰ 混声合唱　指揮　星　寿次
ピアノ　川合　尚子
エレクトーン　紀太　亮一

1 北上夜曲　作詞　菊地　規　作曲　安藤　睦夫
2 平城山　作詞　北見志保子　作曲　平井康三郎
3 風になりたい　作詞　喜志　邦三　作曲　磯部　俶
4 アムール河の波　ロシア民謡　編曲　岩河　三郎

Ⅱ 男声合唱　指揮　上野謙二郎
ピアノ　黒田　満里

1 知床旅情　作詞　森繁　久彌　作曲　森繁　久彌
2 菩提樹　作曲　シューベルト　訳詩　近藤　朔風
3 モルダウの流れ　作詞　岡本　敏明　作曲　スメタナ
編曲　小山　章三
4 ロシア民謡より
ステンカラージン　バイカル湖のほとり　トロイカ　ともしび

## 第2部

Ⅰ 弦楽合奏　ヴァイオリン1　星　寿次
ヴァイオリン2　入間田章子
ヴィオラ　田中　米子
チェロ　渡辺　潔
ピアノ　渡辺　綾子

1 カノン　作曲　パッヘルベル
2 浜辺の歌　作曲　成田　為三

Ⅱ 女声合唱　指揮　小林　清人
ピアノ　川合　尚子

1 童謡メドレー　作詞　野口　雨情　編曲　若松　正司
こがね虫　赤い靴　青い目の人形　七つの子　赤とんぼ
2 川の流れのように　作詞　秋元　康　作曲　見岳　章
編曲　今村　康
3 野ぶどう　作詞　大木　惇夫　作曲　清水　修
4 大地讃頌　作詞　大木　惇夫　作曲　佐藤　眞

Ⅲ 混声合唱　指揮　上野謙二郎
ピアノ　黒田　満里

1 ハレルヤ　作曲　ヘンデル
2 歌の殿堂　作曲　ワーグナー　作詞　福田三岐夫

## ごあいさつ

このたびは、この伝国の杜のホールで、私の米寿の祝いの合唱の集いを催して頂くことになり、皆さま方にもご来場頂きまして、誠にありがたく、心からお礼申し上げます。思えばこの同じホールで傘寿の折にお祝いをして頂いたのが、平成14年10月20日でした。あれから8年が経ち、今年は平成22年、奇しくもこの22年という年月のめぐりあわせに感慨を覚えております。

私が興譲館中学校（現高校）に初めての女教師、また初めての音楽専任としてつとめたのが昭和22年だったからです。あれから63年、合唱のメンバーとはその時からのお付き合いが続いております。それ故参加して下さる方々も後期高齢者になっておられます。

今年は4月にも大雪が降り、春の息吹きを感ずる間もなく、梅雨、ゲリラ豪雨に悩まされ、また猛暑続きと天候不順の中、1年前から全国各地から集まって下さって練習を重ねてまいりました。私としては只々頭の下がる思いです。米沢と東京に分かれての練習ですから、合同練習が必要です。忘れもしない8年前の傘寿の時の平成14年4月14日の米沢での合同練習の時、4月の初旬なのに上杉神社の御堀端の桜並木が満開でした。日本全体が有史以来の桜の早咲きだったのですが、その時の練習会場が上杉公園近くの「三条かの記念館」でしたので、何十年ぶりに見る故郷の桜に感激いたしました。それ以来桜の開花時期は早くなりました。ところが今回の米寿の会のための合同練習を西部コミュニティセンターで4月30日と5月1日に行いましたが、なんと桜並木に囲まれた場所（旧第三中）で、古木の風情ある見事な満開の桜に迎えられて大感激、米沢というふるさとの歓迎の声を聞いた思いで涙がこぼれました。

練習に関してはもう一つ、奇縁といえるエピソードがありました。それは東京での合同練習のための会場に、私の母校である旧東京音楽学校（現・東京藝術大学）奏楽堂（上野公園に移築され現在は台東区管轄の国の重要文化財で我が国最古のコンサートホール）を借りて、去る7月9日にゲネプロコンサート（公開練習公演）として、私が卒業以来70年ぶりに、母校の舞台に教え子の皆さんと一緒に立つことができたことです。言わば、私の音楽教師としての締めくくりといった形で、教え子の皆さんと思いがけず、母校のホールで共に歌うことができ、改めて70年という年月に思いを致して、感慨ひとしおでした。会場には、東京在住の興譲館の同窓生や同郷のお友達、出演者のご家族の方々が多数聴きにいらして下さいました。

傘寿・米寿と私の齢の祝いの合唱となっておりますが、教え子の方々もそれぞれ、傘寿・喜寿・古希の祝いに当たる方が沢山いらっしゃいます。この度の会を私ひとりだけの祝いでなく、その方々も祝う会にしたいと思います。

なお、コール・ユーベルジンゲンから始まった合唱のお仲間は、全国各地から集まって下さり、その並々ならぬエネルギーも沸点に達したようですので、この合唱の集いを続けることは今回でめいっぱい、一区切りと致したいと存じます。ですが、今日のエネルギーを会場の皆さまと分かち合うために、最後にメンバーと共に、「青い山脈」「ふるさと」を歌って、大団円としたいと思います。

皆々様の、私に対する永い間のご厚情、誠にありがとうございました。そして皆様のご健勝をお祈り申し上げます。

滝沢 美恵子

# 滝沢美恵子先生の卒寿を祝う会

平成24年3月16日　於　ホテルラングウッド（東京·日暮里）

# 外国への旅

## —母娘旅行—

サッカーワールドカップフランス開催の年（1998年）

フランスからマダガスカル島へ向かう（1998年）

## 母娘・外国旅行─音楽見聞録

東京音楽学校師範科卒（昭和十六年組）、いわゆる西洋音楽の学校が勉強の主題である当時の教育観としては、民族音楽や日本音楽分野への関心を持っておりませんでした。が、娘の専攻した民族音楽学、比較音楽教育学の研究のために、諸外国へ出かけ、それに同行したことが契機となって、西欧の音楽はもちろん、諸民族の音楽について開眼しました。

時には、一人で娘と空港で待ち合わせをするなど（米国ワシントン、ノルウェー）、スリリングな体験もしました。娘は国立の教員養成の愛知教育大学へ昭和五十四年に就職し、平成二十年まで勤務しておりましたが、その間、毎年のように、国際会議（ユネスコ傘下のＩＳＭＥ＝国際音楽教育学会：仏国が本部で二年ごとにあちこちの国で国際大会を開催、またＩＣＴＭ＝国際伝統音楽学会：米国スミソニアン博物館が本部でこちらも二年ごとに国際大会を開催。この二つの国際会議の開催時期が重ならないので、結果的に毎年外国出張となった）での発表。また彼女がフェローシップ（研究給付奨学金）を得て研究に赴いて滞在した諸国「シンガポール大学人文学大学院（一九八六～八七年　日本学術振興会フェローシップ）、アメリカ・コネティカット大学、ワシントン大学、ハーバード大学教育学大学院（一九九二～九三年　フルブライトフェローシップ）、フランス人類学博物館民族音楽研究部（パリ一九九八年　文部省短期在外研究）へ出かけました。

〝芸術に国境はない〟と言いますが、その通りで、それぞれの国々での人々との出会い、また私の音楽に対する眼を開かせてもらって、さまざまな経験をし、人生の素晴らしさを体験できましたので、参考までにこれまで出かけた地域を以下に記し、地図に書き入れてみました。

## 旅行の目的となった背景のエピソード

### 【花のこと】

―

米国ワシントンの桜が日本のそれと違って、かなり色濃く大ぶり。桜の淡い色合いとはかなり異なり、ポトマック川沿いに咲くその景観は、日本のそれの倍増の圧巻、色合い、大きさが日本のとは違うことに感嘆したが、しかし、桜の花は日本が本物です。

―

南アフリカのプレトリア（首都）に、夏季にＩＳＭＥで同行した時、ジャカランダという花が咲く秋季がとても美しいと聞いて、どうしてもその花が見たい―というので、その花を見るためにだけ旅行を計画―二泊四日の旅―町中が紫色の木々に染まるという印象深い経験をした。

― オランダのキューケンホフのチューリップ祭り。

【湖・滝・瀑布のこと、その他】

― ナイアガラの瀑布（アメリカとカナダの国境）。

― 滝の裏側まで近づいて見ることができ、水しぶきを浴びての体験が印象深かった。

― アラスカのオーロラ体験は、もちろんであるが、四頭のハスキー犬がひっぱるマッシャーという犬ぞり体験も印象深かった。

― アフリカのジンバブエとザンビアの国境にあるビクトリア瀑布を、ヘリコプターで上空から眺めた時は、スリリングで、地球の割れ目を見る感覚だった。

― ノルウェーのフィヨルド（森と湖の国）の観賞。

― フィンランドのタピオラ合唱の響きが話題となった（ＩＳＭＥ国際会議）。

― 南アフリカでジープに乗ってゾウやキリンなどリアルに見学。

― メキシコではイグアナ、南アフリカではワニの肉を食した。

## 外国への旅（補筆）

この度は東京藝大音楽学部のアーカイブ史料室とのご縁から思いもかけず私の音楽と関わった人生を振り返ることになり、七十数年もの間にふれてきた東京音楽学校関係のさまざまな思い出がよみがえって、何か不思議な力に導かれて、本としてまとめることになった。これまで記してきたことは、西洋音楽を我が国が学校教育の基軸として、新鮮な文化、憧れの文化であった時代を過ごしてきた証言とも言えるものである。それから半世紀以上を経て、私の娘が同じ音楽の道に進み、私の過ごしてきた時代にはなかった東京藝大の音楽学部の楽理科で、西洋音楽ばかりでなく、民族音楽や世界の音楽教育について学ぶことになり、私とは別の分野の研究をすることになった。それで、外国の事情視察、研究、国際学会での発表などで外国へ出かける機会が多くなったので、違う分野とはいえ、音楽関係で新しい時代の音楽の動向にも興味を持ち、同行するようになった。そうしているうちに、音楽の世界ばかりでなく、すべてに関心が出てきて、北極のオーロラ、ノルウェーのノルドカップ、マダガスカル、喜望峰と、世界四十六の国・地域の旅をして、音楽探求が思わぬ人生経験を豊かにする恵みともなって、卒寿の日々の思い出のアルバムが、心の潤いとなっている。そのような功徳を頂いたことに感謝してペンを置く。

# 外国旅行の行き先

［ヨーロッパ］

イギリス　ロンドン・ブリストル・オックスフォード・パース

イタリー　ローマ・ベネチア・ミラノ（二回）・ボローニャ・フィレンツェ・ナポリ・ピサ・バーリ・マテーラ・アルベロベッロ・ポンペイ

オランダ　アムステルダム・ハーグ・ロッテルダム・キューケンホフ・ハーレム・ユトレヒト・マーストリヒト

フランス　パリ・ロワール・モンサンミッシェル・ブルターニュ

ドイツ　ベルリン・フランクフルト・マインツ・ライン川下り・ボン・ケルン・ポツダム・ローテンブルグ・ハイデルベルグ・メルヘン街道・ミュンヘン

スイス　ジュネーブ・チューリッヒ・ルッツェルン

オーストリア　ウィーン・グラーツ・シュラードミン・ザルツブルグ・インスブルック

ハンガリー　ブダペスト

チェコ　プラハ

スロバキア　ブラチスラバ：ＩＣＴＭ（１９９２年にチェコ、スロバキアがそれぞれに独立）

ポーランド　ワルシャワ・クラクフ

ベルギー　ブリュッセル・ブルージュ・ゲント・アントワープ

スペイン　マドリード・アンダルシア・セビリア・コルドバ・トレド・バルセロナ（カタルーニャ）・マジョルカ島・カナリー諸島

ポルトガル　リスボン・ロタ岬

ルクセンブルク

デンマーク　コペンハーゲン・オーデンセ

ロシア　レニングラード（サンクトペテルブルク）・モスクワ・他に達子が「東シベリアサハ共和国：アイヌの高校生同伴、世界口琴子供フェスティバルにオブザーバー」

ノルウェー　オスロ・ベルゲン・フィヨルド・ノルドカップ

フィンランド　ヘルシンキ・カウスチネン（民族音楽祭）・ラップランド（サアミ族）

スウェーデン　ストックホルム・マルメ・ヨーテボリ

【アジア】

中国　香港・北京（万里の長城など）・上海・広州・桂林・昆明・石林・無錫・蘇州・杭州・周庄　他に達子「昆明・少数民族の白族、納西族、トンパ（絵文字を使うチベット系宗教調査・日中友好協会）」

台湾　台北（先住民族・九族文化村）・基隆・花蓮・嘉義・阿里山・台中・台南・高雄・膨湖島

タイ　バンコク：達子が「チュラロンコン大学での招聘で、祭囃子グループを連れてアセアン・アジア伝統音楽の教材化の講演（1995年）、他にマヒドン前医科大学音楽学部の招聘で集中講義（2011年）」・チェンマイ・アユタヤ

カンボジア　プノンペン・アンコールワット

ベトナム　ハノイ・ホーチミン・フエ・ダラット（ハロン湾）

フィリピン　マニラ・ケソン「フィリピン大学―達子がアジアの音楽教材化の講演、アジア音楽センターに日本の箏の授業が開設される契機となった」

シンガポール　達子のJSPS（日本学術振興会フェローシップ）の出張のため、滞在期間中六回訪問

ブルネイ　「達子のみ」

マレーシア　クアラルンプール・マラッカ・ペナン・達子が他に「サラワクのケニャ族など島嶼部の先住民族の村で調査」

インドネシア　ジャカルタ・ジョグジャカルタ・ボロブドゥール遺跡・バンドン・バリ（ケチャ発祥のボナ村など）

インド　ニューデリー・アーグラ・タージマハル・ジャイプール・ムンバイ・ウダイプール・達子のみ「左記科研調査でデリー」

パキスタン　達子のみ「大阪民族博物館の科研調査メンバーとして、北部周辺地域の音楽文化調査・ラワルピンディ・ギルギット・フンザ村―世界長寿村

トルコ　イスタンブール・アンカラ・カッパドキア（達子は二回）・以下のエジプトへ行く途中、達子が「国際交流基金助成でコンセルバトワール（イスタンブール）で日本の音楽の学習法（唱歌を研究用作成のビデオを映写しながら）の講演」

ネパール　カトマンズ・ポカラ・達子のみ「チベット仏教の声明・楽譜調査」

[アフリカ]

エジプト　トルコでの講演に続き、カイロのヘルワン教育大学で同様の講演・ルクソール・ギザ・アブシンベル

モロッコ　カサブランカ・フェズ・ラバト・マラケシュ

南アフリカ　ヨハネスブルグ・プレトリア・ケープタウン

ジンバブエ

ザンビア

マダガスカル　アンタナナリボ

[中北米]

アメリカ　シアトル（ワシントン大学で達子講演―日本伝統音楽の学習法など）・ハートフォード（コネティカット大学で達子講演―内容は同様）・ワシントンD. C.・ニューヨーク・サンフランシスコ・ロスアンジェルス・タンパ・ミシガン・ハワイ（ハワイ大学マヌア校で達子講演）・ナイアガラやグランドキャニオン

カナダ　オタワ・バンクーバー・トロント・モントリオール・ケベック・ヴィクトリア・カルガリ・バンフ・コロンビア氷原・ジャスパー・エドモントン

アラスカ　アンカレジ・フェアバンクス・チェナ・ベツルス

アラスカでは、四日間毎日オーロラを見る幸運に恵まれた（グリーン色のものでは、龍が空に舞い上がっていくような大きなもの、また横に大きな壁画のような深緑、青の色彩のものも圧巻だった。その他、赤、白、黄色のものもあった。オーロラの爆発に遭遇―天空にドームができたような、教会のカテドラルの天井を思わせる空間が、頭上、中空に現れるという感動的体験をした）

メキシコ　メキシコシティ・ソチミルコ・アヒヒク・グワダラハラ・ティオティワカン・ウシュマル（メキシコのピラミッドといわれる遺跡）

[オセアニア]

ニュージーランド　オークランド・ロトルア（北島）・クライストチャーチ（南島）・クイーンタウン・ミルフォード（フィヨルド）・テアナウ・マウントクック（夏・冬）

オーストラリア　メルボルン・シドニー・パース・タスマニア・エアーズロック

アラスカ
ベツルス＊
＊フェアバンクス
＊チェナ
アンカレジ＊
カナダ
ジャスパー＊
＊エドモントン
バンクーバー＊
＊ヴィクトリア
＊シアトル
モントリオール＊
ケベック＊
ミシガン＊
＊オタワ
＊トロント
ナイアガラ＊
＊ボストン
＊ニューヨーク
＊ワシントン
アメリカ
カリフォルニア州
サンフランシスコ＊
ロスアンジェルス＊
タンパ＊
メキシコ
＊ハワイ
＊シドニー
＊キャンベラ
ニュージーランド

ロシア
トルコ
ラバト＊＊フェズ
カサブランカ＊
モロッコ
＊マラケシュ
カナリー諸島
＊カイロ
エジプト
＊ルクソール
＊アスワン
パキスタン
ネパール
中国
ニューデリー＊
ジャイプール＊＊アーグラ
ムンバイ＊
インド
台湾
タイ
ベトナム
フィリピン
カンボジア
マレーシア
シンガポール
ブルネイ
インドネシア
ザンビア
ジンバブエ
＊アンタナナリボ
マダガスカル
＊プレトリア
ヨハネスブルグ＊
南アフリカ
ケープタウン＊
＊喜望峰
オーストラリア
メルボルン＊

東アジア
ロシア
ヤクーツク
北京
中華人民共和国
(中国)
日本
上海
杭州
無錫
蘇州
周庄
昆明
石林
桂林
広州
香港
台北
基隆
台中
花蓮
澎湖島
嘉義
台南
高雄
阿里山
台湾
ハノイ
チェンマイ
タイ
アユタヤ
フエ
ベトナム
バンコク
アンコールワット
プノンペン
ダラット
カンボジア
ケソン
マニラ
フィリピン
ペナン島
マレーシア
クアラルンプール
マラッカ
シンガポール
ブルネイ
サラワク
インドネシア
ジャカルタ
バンドン
ジョグジャカルタ
バリ島

# ヨーロッパ

ノルドカップ岬
ラップランド
スウェーデン
フィンランド
ノルウェー
ヘルシンキ
レニングラード
ベルゲン
オスロ
ストックホルム
ロシア
コペンハーゲン
モスクワ
オーデンセ
デンマーク
マルメー
イギリス
オランダ
ポーランド
ハールレム
アムステルダム
ユトレヒト
キューケンホフ
オックスフォード
ロンドン
ベルリン
ポツダム
ワルシャワ
ハーグ
ロッテルダム
ブリストル
バース
ブルージュ
アントワープ
ケルン
ドイツ
ゲント
マーストリヒト
クラクフ
ブリュッセル
ボン
ベルギー
フランクフルト
プラハ
マインツ
チェコ
スロバキア
ルクセンブルク
ハイデルベルグ
パリ
ローゼンブルグ
ブルターニュ
モンサンミッシェル
ミュンヘン
ウィーン
ブラチスラバ
ザルツブルグ
ブダペスト
シュラトミング
チューリッヒ
グラーツ
オーストリア
ハンガリー
フランス
ジュネーブ
スイス
ルッツェルン
ベネチア
ミラノ
イスタンブール
ボローニャ
フィレンツェ
スペイン
イタリア
ポルトガル
バルセロナ
ロカ岬
マドリード
トレド
リスボン
ローマ
ナポリ
アルベロベッロ
トルコ
マテーラ
ポンペイ
コルドバ
マジョルカ島
アンダルシア
セビリア

ニュージーランド北島の
ロトルア　マオリ村　(1983.1.6)

南島マウントクック
ハーミテージホテル

インドネシア　バリ島
お正月（イスラム暦）の飾り

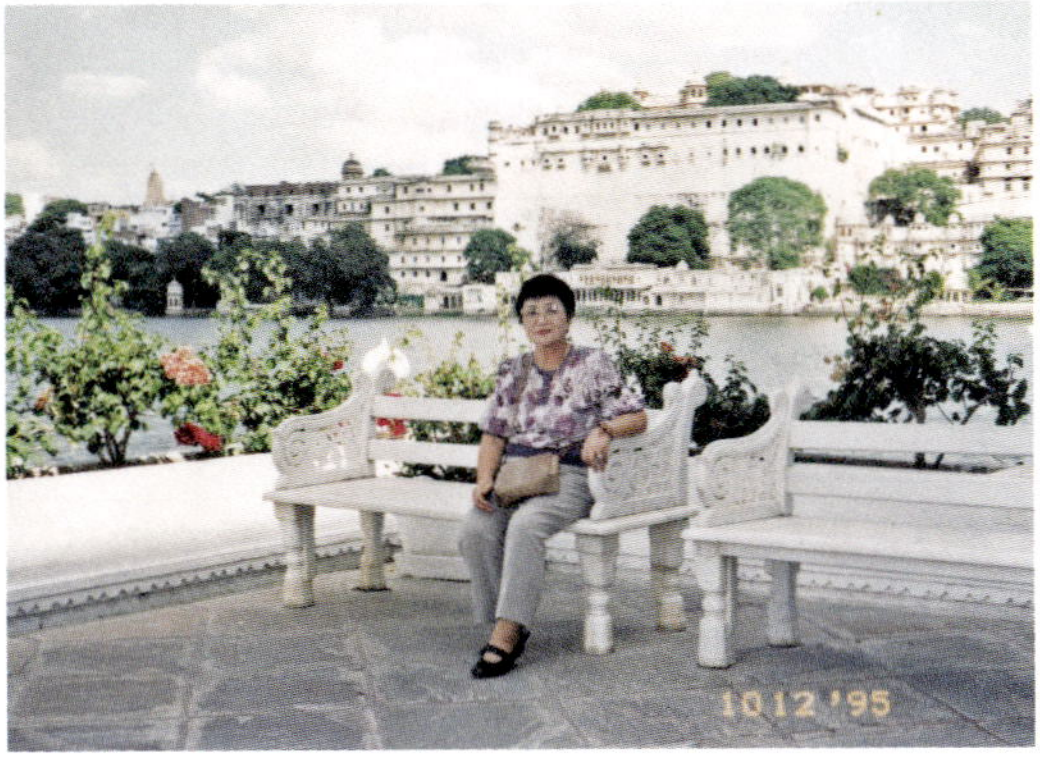


インド　ウダイプール
人造湖ピチョーラー湖に立つレイクパレスホテル

インドネシア　バンドンの小学校
竹製の打楽器･アンクルンの合奏
左右にシェイクして音を出す

南アフリカ　プレトリアの春（11月）を飾る
ジャカランダの花（日本の桜と同じで全市を
紫の色でおおいつくす）

ポーランド　ワルシャワの
ワジェンスキー宮殿で
ショパンの夕べが催された
（1996年9月8日）

ワルシャワ
ジェラゾヴァヴォラ
ショパンの生家にある
キリンピアノ

ノルウェー、ベルゲンにある
グリークの記念館のピアノ

ショパンの像

メキシコ　チェチェンイッツァ遺跡

ウシュマル遺跡

モロッコ　ジュマルエル　フナ広場

イタリー　ベネチア　ゴンドラに乗る

フィンランド　ヘルシンキ　シベリウス公園

ロシア　モスクワ　赤の広場
聖ヴァンリー寺院

フィンランド
ノルドカップ岬

アラスカ　フェアバンクス　オーロラの爆発シーン

午前3時頃に教会のドーム状に丸く空を覆うように爆発してオーロラが消える。オーロラシーズン最後のシーンに出会える。

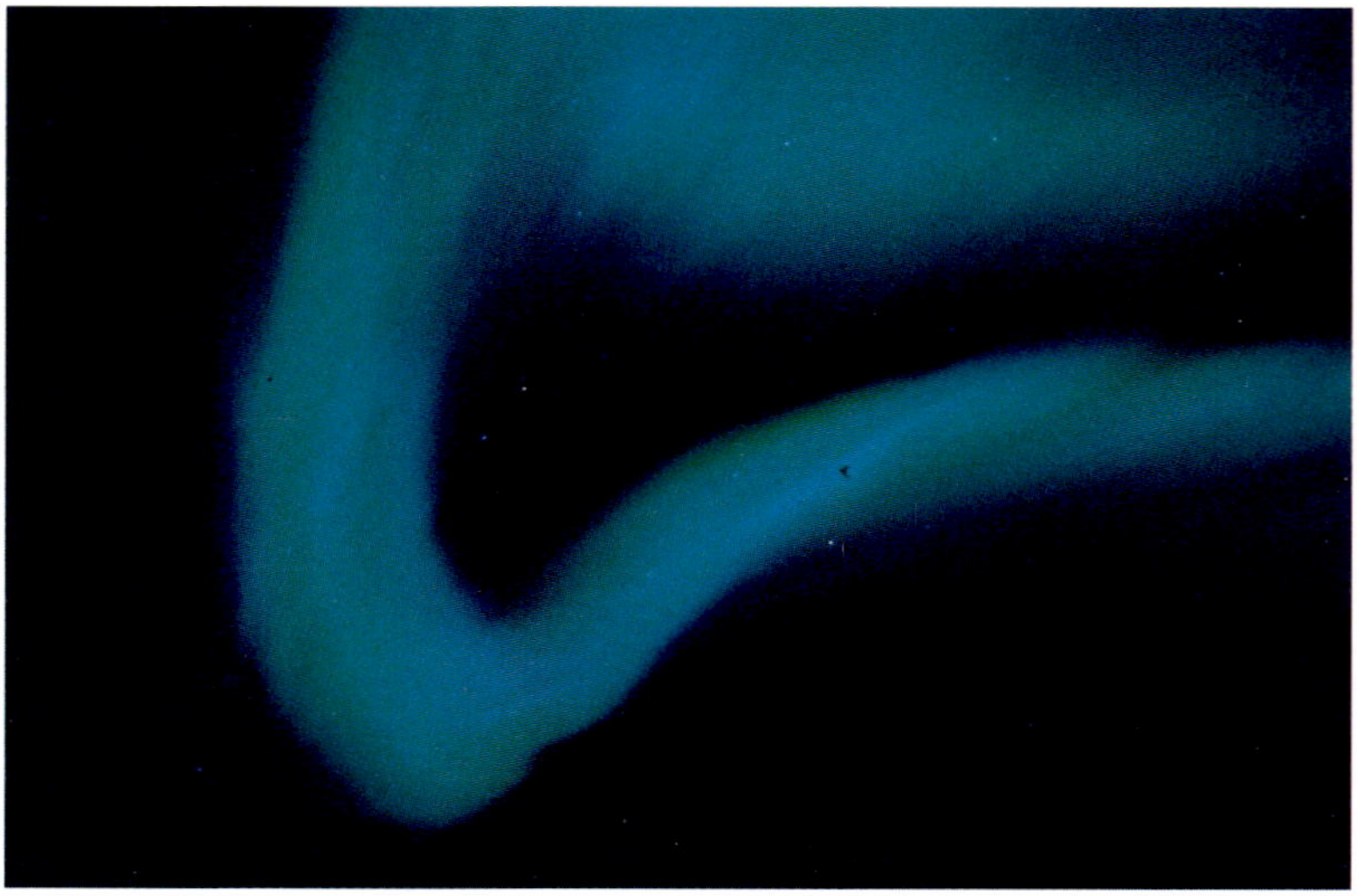

オーロラ撮影　レリーズを使って露出全開10分
アラスカ　チェナ温泉

マッシャー（犬ぞり）の旅

犬（ハスキー犬）12匹で、
カップル同士の仲のよさ

エジプト・ヘルワン教育大学で先生方、学生に、日本の音楽教育がクラシック音楽をベースに広く普及し、世代を超え、シニアにも（定年をむかえた後も）盛んな、いわば音楽化社会の状況にあることを、コール・ユーベルジンゲンのコンサートの様子をビデオ映写して話した。テレビ画面が写真では不鮮明だが、指揮のとり方などの質問に答えている場面である。ＤＶＤがまだない時代、日本のＮＴＳＣビデオシステムをＰＡＬ方式に変換するなど日本国際交流基金からの助成金を得て赴いた。エジプト訪問の前に、トルコのコンセルバトワール（音楽学校）、また小学校を訪問し、私が趣味ではじめた一弦琴（その後忙しくなり、母が私のかわりに習い始めていた）の伴奏で「サクラサクラ」を奏し歌った。

エジプトでは、黒板にアラビア文字で日本からの〜と紹介文が板書されている。アラビア語を少し勉強しており—右から左へ、ま—読めた。

ちなみに私の名前の
アラビア文字は—

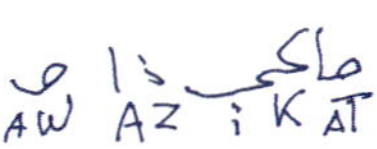

エジプトでは、講演が終わって、考古学博物館のツタンカーメン像などを見て、ピラミッドへ。ラクダに乗ってみたが—乗るのに前かがみになったと思ったら、立つ時今度は後ろにひっくり返りそう、前へ後ろへこわい思いをした。歩き出したとたん、握っている棒に必死につかまるが、手が痛み出した—と、母がトメテトメテと叫んだので、5分も経たずに下りるハメになった。足まで痛い—となって、日本領事館にかけこんだ。しっしんのような赤いハンテン、どうもトルコで食したタマゴがいけなかったか〜。しかし日本人医師は、日数が経てば大丈夫となって一安心。ラクダで優雅にピラミッド散策とはいかなかった。忘れがたい旅だった。母のそのしっしんは帰国して間もなく治った。

つかまり棒にひっしにつかまってはいるが、手のひらは痛いし、
足がつっぱれず痛い。先に下りた達子撮影。

トルコ　イスタンブールのアヤソフィア大聖堂
『墨の彩』36頁より
内部の壁画にかつてビザンツ帝国キリスト教の聖画が残っている。現在はイスラム教のモスク。

## ～音楽は世界の普遍語（ユニバーサル・ランゲージ）と いうけれど～　西洋音楽（私）と民族音楽（娘）の拮抗

大分県　滝廉太郎像

タイの民族楽器類
ラナート（竹琴）等々

シンガポール日本人学校訪問
偶然にも愛知教育大の教え子と面会。
また、有江校長は滝沢と親戚だった！

娘が同じ藝大ながら（音楽学部楽理科）、ピアノ実技、声楽実技もやるが、この科の特徴は実技（時に民族楽器や箏なども選択可能）と共に、音楽学（西洋音楽史、作品分析、民族音楽ｅｔｃ.）という研究分野（入試に英語レベルが必要）に進む際、もっぱら西洋音楽の分野を選択するとばかり考えていた私は、日本を含む世界の諸民族の、いわば西洋音楽とは別の物、全く音楽観が異なる種類の音楽、言葉はきついが、クラシック音楽からすれば、ランク外の別世界のものという、いわば西洋音楽コチコチの視野で、米沢での教師生活以来……いえいえ、東京音楽学校時代以来ずーっと西洋音楽畑で過ごしてきた私にとって、娘のその選択には大反対をした記憶がある。大学院時代に沖縄へわらべ唄の調査に行ったり、また、愛知教育大へ就職し大阪の民族学博物館の仕事でインド、パキスタンへ2ヶ月のフィールド調査へ行ったり〜その都度心配の連続。

そうこうしているうち、大学所属中に、文部省内地研究費を頂いて東京大学の人文科へ1年研修、その後同じく文部省アジア研究助成でシンガポール国立大学へ多民族国家における音楽教材研究のテーマで1年間、5LDKマンション生活（私6回渡航）、それでまあ〜民族音楽研究の意味を少しずつ理解できるようになった。さらにまた、アメリカのフルブライトシニア研究助成金に受かって、ハーバード大学、シアトルのワシントン大学へそれこそ米国の多文化音楽教育がテーマながらハーバードでは教育学分野で研修、私ひとりで娘の借家にドキドキの渡航、帰路に娘がハワイ大学マヌア校で講演をするというので、同行、さらに1998年フランスでワールドサッカーがあった年、これも文部省の助成でフランス人類学博物館民族音楽研究部に研修。私、その時は主人と共に彼女のアパートへ赴きました。西洋音楽コチコチでしたが、少しずつ娘の分野に開眼。南アフリカ、エジプト、トルコ、モロッコなどあちこちへ。そしてその東側に位置する国のマダガスカルまでも行くことができました。そこでバオバブの木に出会いました!!（一五八―一六一頁参照）。

# 娘の音楽世界に開眼　フォトスポット（いくつかの例）

アセアン５ヶ国招聘·箏体験
日本国際交流基金助成事業

ロシア、
モスクワ音楽院ホール
ISME（国際音楽教育学会）
支援によるワークショップ
（日本の歌etc.　通訳は英語）

招かれてミシガン大学訪問
於キャンパス
日本音楽授業見学

国際音楽教育学会オーストラリア発表のため着物姿で

米国ハーバード大学
ジョン・ハーバード像前にて

# 出会いの備忘録

旧米高専本館

米沢東校正面

旧東京音楽学校正門

米沢興譲館高校旧校舎

旧東京音楽学校奏楽堂

旧興譲館高校正門

# “集い”はここから始まった!!

ホテルニューオータニの会　昭和58年５月２日

60歳の頃に、ふとそれまでご縁のあった興譲館高校卒業生を始めとする教え子の皆さんに会いたいと思い、東京のホテルニューオータニで語らいの集いを催しました。40年ぶりの再会なのに、全国から集まって下さり、当初は50～60名を予定していたのが、沢山の方々の参集を頂き、会場を大広間に変更しなければならず、たまたま支配人の坂井武宜氏が興譲館出身で、私が担任のクラスという出会いの縁を得て、思いもかけず120人以上の方々に参集いただき、青春時代を思い起こす喜び、そして大合唱の会となり、大成功を収める会となりました。この時の〝合唱の感動〟がきっかけとなり、昭和63年の米沢市制百周年に重なる形で、この出会いから「コール・ユーベルジンゲン」というグループができ、翌年の昭和64年に第1回の発表会を、米沢市市民文化会館で催すことになりました。年号が昭和から平成に変わった年でした。

その後、私の年の祝いごとに北海道から金沢、秋田、山形、東京各地から集まって下さって、喜寿、傘寿、米寿、卒寿と遠方からも教え子の方々が集まって、コーラスの発表会となりました。米寿の時には、私の母校の東京音楽学校（現・東京藝大音楽学部）にあった奏楽堂（藝大キャンパスから上野公園内に移設）において、米沢の伝国の杜ホールが本番でしたが、その練習にこの奏楽堂借用と考えていましたら、コンサートスタイルでないとダメとなって、ゲネプロコンサートを開催しました。母校の奏楽堂で何と70年ぶりに、それも教え子の方々と舞台に立つとは、大感激極まりない思い出となりました。

ホテルニューオータニの支配人、坂井氏と

# 米沢興譲館同窓会会報

第39号
発行／平成22年８月１日
米沢興譲館同窓会
会報　編集委員会
当会報の題字は、第19号から奥山徹石氏（昭和28年卒）の揮毫によるものです。

『自治会歌』を作曲して下さった滝沢美恵子先生の「米寿を祝う合唱の集い」が７月９日に開催されました。会場は先生が若き日に学ばれた旧東京音楽学校（現東京芸術大学）の日本最古のコンサートホール奏楽堂でした。なお、米沢での演奏会は９月20日、伝国の杜でもたれます。

## 滝沢美恵子先生の米寿を祝う合唱の集いについて

この合唱団は、滝沢先生（昭和二十二年から二十九年母校に勤務される）にお習いした生徒の方々を中心に、様々な糸で結ばれている八十人を超す合唱団です。滝沢先生とご令嬢の達子先生（大学教授）が東京でご指導を、米沢では上野謙二郎先生のもとに練習を重ね、そして時折合同の練習をつんで東京公演（終了）と米沢での発表会に臨みます。全体の統轄は篠原守信（S25）先輩です。

表紙の写真、奏楽堂は、かつて滝廉太郎がピアノを演奏し、山田耕筰が歌曲を歌った舞台でもあったのです。ベートーヴェンの代表曲である『運命』や『第九』を始め、数多くの名曲の日本初演が行われたこの奏楽堂を抜きにして、近代日本の音楽史は語れない素晴らしいホールなのです。かつて学生時代に滝沢先生ご自身が幾度となく立たれたこの舞台に、我々にも立てるチャンスを作って下さったのです。七月九日、先生のご配慮に深謝しながら我々もこのステージに立たせて頂いたことです。

この合唱団はこれまでも、興譲館の記念講堂建立の柿おとし、そして先生の傘寿の時にも歌わせて頂きました。

ピアノ伴奏は川合尚子さんと黒田満里さんにお世話になっています。指揮は上野謙二郎（S27）、小林清人（S30）、星寿次（S31）の三名の先生です。

このたび歌う曲目は、人が人に優しかった昭和に歌われた思い出の曲がいっぱいです。どうか九月二十日、伝国の杜にお運び下さいまして心豊かなひとときをお過ごし下さい。

表紙写真の右頁は校舎の前の滝廉太郎の像です。この頁、左の写真は奏楽堂正門付近のものです。先生のご健勝をお祈りしてこの文を結びます。

（文　遠藤岩根）

# 興譲館卒業後の同期会etc.に招かれて
## —時に昔なつかし青春を歌う　ひとときのフォトグラフィ—

青葉会愛唱歌集

美恵子先生の教え給いし歌・他

美恵子先生作 “墨の彩”より ほうづき(7月)

平成21年度青葉会(昭和23、24年卒同期会)
とき 平成21年7月16日
ところ 小野川温泉　登府屋

昭和27年卒（通称ニシチ会）の方から、私が学生の教材に手書きの楽譜類（「サンタルチア」や「菩提樹」等々）、それに楽譜の説明、何調か調号、またトランペット等楽器の形状の絵図をまとめて配ったというセピア色になったファイルを何十年ぶりかで頂いた。一枚一枚ガリ版刷り作業をやった記憶がよみがえったのであった。楽器類の絵図まで手書きしたとは、トント忘れていた。

自分で言うのもはばかれるが、音楽専門でない皆さんに丁寧に指導していたと、かつての様子、まじめに教えることにとり組んでいたと、今、感慨ひとしお!!

## 自治会歌

## 自治会歌

作詞 星 篤志
作曲 滝沢美恵子

一、歴史は遠き建学の
古城趾今は草しげく
我が学び舎の建つところ
自治の叫びも高らかに
自主と信義の殿堂を
築かん我等の米興高

二、理想の灯かざしもち
大志にもゆる若人が
互に励む三星霜
梧葉の影に語りつつ
心の窓を開きては
進めん真理の道標

三、ああ吾妻嶺光満ち
自由の空の明け行けば
力ぞみつる新天地
心の郷の学園に
希望の調べかき奏でて
我が青春を歌わずや

作詞者は本校第60回（昭25）卒業生。米沢第一高等学校当時（昭24）の作なので歌詞米一高を米興高と改める。

作曲者は当時（昭22～29）本校の音楽担当、滝沢美恵子先生。東京在住。

自治会歌作曲者として同窓会（平成22年度）で舞台上に招かれて紹介された。壁に歌詞が映し出され、会場で高らかに歌われた。
（於　グランドホクヨウ米沢）

# 興譲館音楽事始めに寄せて

小山内　鴻

### 校歌の誕生

大正天皇崩御の喪が明けての制定となったようで、昭和10年米沢中学が興譲館中学に校名が改まったとき、歌詞のなかの「米沢中学」を「興譲中学」に改めた。作曲は当時の著名な作曲家弘田龍太郎である。音楽の専任教師はもとよりいない。しかし、これを興譲館音楽事始めとすることはやぶさかであるまい。江口校長の音楽感性に拍手を送りたい。

### マドンナ登場

興譲館に音楽専任教師を迎えるのは、戦後のことで昭和22年。千喜良英之助校長の時である。しかも赴任した教師は、東京音楽学校（現・東京芸術大学音楽学部）師範科卒業の若い美貌の女教師であった。滝沢美恵子である。

学校内でのことは知らないが、筆者が昭和30年米沢に来たころには、すでに輝ける伝説になっていた。興譲館における真の音楽事始めは、この時期からであるとするのが正しいかも知れない。

滝沢美恵子は、米沢清水町の立派な家に住み、父は弁護士、母は婦人参政権初の女性市議であったように記憶しているが、その存在感は雲の上の人たちで、旅の貧乏音楽学生など寄り付けるものではなかった。

### 工専に音楽の泉

滝沢は、米沢工業専門学校（米沢工専・その後山形大学工学部）のキャンパスでも、マドンナの存在で、男声・混声の合唱指導者として慕われた。それは、米沢の音楽界にとって極めて重要なことでもあった。

戦後の工専キャンパスは、合唱やフォークダンスなど戦後の自由を謳歌する「青春キャンパス」で、学生たちが最も伸び伸びと青春を楽しみ、市内の若い女性たちもその輪のなかで、歌い、踊り、恋を語る「自由広場」の情景がみられた。

私の妻の従姉妹にあたるCは、このキャンパスで当時米工専の学生であったQと結ばれ、夫婦で滝沢美恵子を慕い続け、滝沢関連の音楽イベントで欠席したことはない。

Qは平成4年米沢で開催された滝沢女史の門下生たちによる「コール・ユーベルジンゲン演奏会」を最後に逝去したが、Cはその後も追い掛けが続いている。「滝沢美恵子傘寿コンサート」でも、金沢から老体に鞭打ち開催地の米沢で、その演奏に参加した。

滝沢美恵子は、米沢における社会音楽の先駆者でもあった。その本格的な音楽指導を、学校外の愛好者たちにも広く施し多くの功績を残した。「滝沢効果」は興譲館の外にも広がり、強い求心性で戦後の音楽アクションをこの米沢で展開した。

『青春讃歌』（平成5年・篠原守信編集発行）には、マドンナ滝沢を慕う当時の若者たちの群像が刻み込まれている。いま少し米沢在住が長ければ、米沢の音楽事情は大きく変化していたであろう。

本稿のゲラ刷りをたまたま目にされた米沢の作曲家で米沢市芸術文化協会相談役の小山内鴻氏から、学校の音楽シーンから想起される一つのこととして「校歌」に関する文章を頂いた。それで、次に追記としてつけ加えさせて頂く。

# 天壽萬歳

還暦 六〇歳
古希 七〇歳
喜壽 七七歳
傘壽 八〇歳
橋壽 八四歳
米壽 八八歳
卒壽 九〇歳
國壽 九二歳
櫛壽 九四歳
白壽 九九歳
百壽 一〇〇歳
茶壽 一〇八歳
王壽 一一一歳
天壽 一二〇歳

還暦六十 まだ年 若い
これから 貴方の 余生です

古希は 七十 長壽の 初歩よ
さても 遥かな 天壽のお山

喜壽は 嬉しい 喜び年よ
貴方 これから 老楽の道

傘壽は 八十 雨露ふせぎ
古く なったが 骨丈夫

八十四歳 橋壽と 言うが
渡りを つける 良いお年

八十八歳 米壽と 言うが
米は お國の 寶です

卒壽と 言っても 終わりじゃ ないよ
貴方 初老を 終えた だけ

九十二歳を 國壽と 祝う
まだまだ 盡くせ 國の ため

九十四歳 櫛壽と 言うが
櫛は 人 髪 守るもの

九十九歳 白壽と 祝う
なぜなら 百壽へ あと 一歩

百の 関所に 何とか 着いた
だが まだまだ遠い 天壽山

八八から もう 二十年
今日も おいしい 茶と 暮らす

一一一を 王壽と 言うが
まさに 長壽の旗 がしら

人の 命に 限りは あるが
ここまで 来れば 長壽王

百歳を越えて想うことは、音楽が私の人生の軌跡となっているその背景に、何かわからないが、目には見えない人と人との〝出会いの運命〟があるのではないか、ということである。数え年九十六歳の時、何かに促されるように、「自分にとっての音楽とは何だったのか」と自問自答した。そして、ならばと思い立って『東京音楽学校の思い出　音楽に導かれて　桜咲き黄葉の時まで』と題し、自分の生い立ち、東京音楽学校への進学、その後のことを私家版として本にまとめてみた。桜咲き、その桜色が黄色、もみじの如く変わっていく様相を黄葉と表記し、枯れることなく紅葉色の淡い赤み、完全に散る表紙の絵の色あいになるまでと、熟考してこの副題を付けた。

ここに『私の音楽人生』と銘打ったものの、私は好んで積極的に自ら音楽世界に飛び込んだ者ではなく、その世界に強い関心を持つような環境に育ったわけでもない。ただ母ちよが、楽器代理店と称する本屋さんから頼まれて購入し、娘の私に習わせるつもりもなく部屋にしばらく（確か一年くらい）放置してあった、そのピアノがきっかけだった、という次第である。

北部小学校六年生当時、学校にグランドピアノが新しく設置され、その御披露目のために、家にピアノがあったことから当然ピアノ経験ありと推測された私が指名されることになった。未経験の私に、校長の指図で、当時米沢高等女学校（現・米沢東高校）の音楽教師だった井上溉子先生（東京音楽学校出身）が私宅に来られ、バイエル教則本の七十四番と八十九番の二曲を二ヶ月短期集中特訓して下さったことから私の音楽人生が始まったのであった。そして東京音楽学校へ進学し、卒業後、義務として派遣された北海道での教員生活を経て、私は米沢に帰郷し結婚した。

しかし普通の主婦という環境にはならなかった。というのも、弁護士だった父が昭和二十（一九四五）年に急逝し、その後継不在を嘆く周囲の状況に発心したのか、工学部出身の私の主人、坂上吉男《さかうえきちお》が法曹界に転身するという、私からすれば無謀な選択をしたのだ。

主人は米沢高等工業学校（現・山形大学工学部）機械科卒で、その後中島飛行機株式会社に就職、そして横須賀海軍工廠、さらに広島の江田島海軍兵学校教官（技術大尉）として赴任したが、間もなく終戦となり米沢に帰郷していた。今でも有名な法学者である我妻榮《わがつまさかえ》氏（米沢出身）の助言を受け、文学部から法学部に移った学生が使っていた法律関係書籍百冊を借りるなどして、猛勉強を開始した。結果、一年目は併願していた中央大学へ、そして二年目に東京大学法学部へ入学することになった。こうして主人が学生になってしまったため、というのが理由ではないが、私はたまたま主人が卒業した米沢高等工業学校の森平三郎《へいざぶろう》校長から声をかけられ、山形大学の音楽班の合唱を指導することになった。また、従弟が英語教師をしていた旧制興譲館中学（男子校、のち共学高校）では、千喜良英之助《ちぎらえいのすけ》校長の采配で、男子校初の女性教員「おなご先生」として、ガリ版刷りの楽譜を使って授業をすることになった。

山大の音楽班とは、開局したばかりのＮＨＫ山形放送局へ米沢から一緒に出かけ、記念合唱「ハレルヤ」を唱和した。また私の出身校である米沢東高の生徒との交流も行い、記念撮影をしたことがある（一三四頁写真参照）。背景に写っている建物は現在、重要文化財の記念館となっており、山形大学工学部出身の例えば評論家の吉本隆明氏など多士済々の方々の業績、関連展示物が公開されている。僭越ながらわが主人も、工学部から法律関係に転じて検事、検事正を務め、その後公証人、弁護士となり勲二等瑞宝章を受章した経歴が展示されている。

山大の合唱指導と興譲館勤務とは別に、週末は自宅でピアノと歌を教えていた。生徒は女子が多かったが、男子や大人の方も増えてきて、食事がとれないくらいの忙しさだった。主人が学生となったために私が働かねばというわけではなく、母があちこちでピアノ教室の話を皆さんにしていて、それが宣伝になっていたのである。当時米沢の婦人会で副会長をしていた母は、婦人参政権が認められて間もない昭和二十二（一九四七）年、米沢五地域（東西南北中央）の選挙で弁護士の奥さんとして北部地区より推挙され当選、一介の主婦ながら女性初めての市会議員となっていた。その選挙のさなか、また当選後も、私のピアノ教室について折に触れて話をしていたようなのである。

教室には全盲の女の子が来ており、私が口で階名を歌い、指をさわって指導した。付き添いの男の子（やはり目が不自由）が、レッスンが終わるまで門の石垣に座ってじーっと聴いて待っていた。

こうした自宅でのレッスンの成果の発表会を「ひなぎく会」と名づけて、興譲館の講堂で毎年行っていた。この名称は、母の旧姓・菊地のキクと、かわいらしい生徒たちのイメージのヒナを合わせて表した。

白寿の祝会の際（二〇二〇年）、コロナ感染防止のために大人数で歌を歌ったりすることができない状況に陥り、かつて皆で集まって歌った、あの時の、その時の音楽を、せめて心に響かせて頂きたいという趣旨で、娘が急ぎ過去の写真を捜し集めて『私の音楽人生フォトメモリー』（A4判、九〇頁）を私家版で作成し、ご参集の方々へお配りした。その写真集の中に「コール・パッション」と名づけた写真がある。私が米沢を去ってもなお興譲館と東高の学生たちが東京に連絡してきて、昭和二十八（一九五三）年合唱好きの仲間が集っての自主コンサートを興譲館講堂で開いた時のものだ。今、写真を見ると、男性メンバーはもう一人もこの世におらず、ヤァーしばらくねとその笑顔に語りかけたくなる面々である。コールとはコーラス、パッションとは情熱の意味である。米沢市制百周年の時の「コール・ユーベルジンゲン」の約千人もの聴衆を集めた大規模な音楽会の根源は、このコール・パッションにあったと今にして思う。

先に「音楽会の記録」として賀寿ごとのコンサートについて記述したが、そうしたいわば企画の意図とはまた別の角度から、私の音楽歴をもう一度振り返り、米沢で私が音楽を通じて行ってきたこと、何故に自分が音楽と関わり、何故に百歳を越えた今日まで〝音楽というもの〟が私の人生を引っぱってきたのか考えてみたい。

おこがましい表現だが、これまで米沢の音楽文化の土壌を創り、文化的な薫風をそそぐべく、何やかやと立ち回ってきた。それらのことは私ひとりで成し得たわけではない。なぜか私は、自分の周りに人が集まってくる〝不思議〟をいつも感じてきた。音楽を介しての時間の推移、その時々に多くの方々と出会い、ご縁を頂いた。その縁の初めは、既述のように、たまたまピアノが私宅にあったというだけの理由で、小学校に設置された新しいグランドピアノの演奏依頼がきたことである。

私は家にピアノがあったというだけではなく、服装でも目立つ存在だったようだ。当時の子供は日常的には着物姿が普通だったが、母は私によく洋服を着せていた。それが普段着だった私は、下校時の道で「カイブツ、怪物！」と数人の男子生徒から囃されることがあり、いやでしかたなかった。

その後、私は北部小から東高進学後、東京音楽学校出身の日向氏隆先生から東京音楽学校への進学を勧められた。先生は、私のピアノ技術では無理ながら、両手指のズングリした形と握力はピアノ向きで、その能力はあるとして、校長の許可を得て、私宅に指導のため何度も来ることになったのである。私としてはピアノよりバスケットと冬の山スキーが大好きで、スポーツに打ち込む学校生活だったため、家で半ば強制的に汗まみれで日焼けした状態でピアノレッスンを受けることとは内心苦痛であった。ただ東京への憧れはあり、女子師範（現・お茶の水女子大学）かどこか、なども考えたが、数学が苦手で、入試科目に数学がないと聞いて、日向先生の強い支援もあり東京音楽学校への進学を決めた。

音楽学校卒業後は北海道札幌師範勤務となり、いうなれば音楽世界で生きていく運命を辿ることになったわけである。

米沢に帰郷してから、特別な思い出として残っているのは、東京からバリトン歌手の中山悌一氏、ヴァイオリンの諏訪根自子氏、巌本真理《いわもとまり》という錚々たる音楽家を招いて、興譲館の学生のために講堂で演奏会を企画したことである。生徒のための企画だが一般人の入場も可とし、いわゆるマネジメントの問題もなく演奏会を開くことができた。ただ諏訪氏の演奏会で一部支障があったが屈することとなく、音楽クラブの生徒たちと共にこれらの特別企画を成就させることができた。米沢の音楽文化育成に尽力しようとしていた自分がそこにいた、という思いがある。この時の音楽クラブの面々、特に部長の篠原守信《もりのぶ》氏（後に医師になられた）には多大なるご協力を頂いた。

こうした状況とは別に、当時日本に駐屯していた米軍が、米沢にまで影響を及ぼしていた。

ある時、米沢文化振興会と銘打った、米沢の文化を考える集まりが開催された。米軍のボーガン隊長から招待を受け、私のような教員や米沢市会議員である母も含め、多くの人が集まったことが思い出される。ただ、その詳しい内容は忘れた。米軍駐屯により、米沢という田舎でも米軍による接収が行われており、一般の家の畳の部屋にドアを付けたり、壁をペンキで塗り替えたり、住人に何の断りもなく改造し居住する事態が起きていた。三百坪の土地に二階建ての、外見からは豪奢な家と思われたであろう我が家もその例外ではなく、父亡き後一年の時に接収に遭った。その悲しみがあまりにも大きく、ボーガン氏の会合のことよりも記憶に残っているのである。

その我が家の隣は神達《かんだつ》神社で、昭和二十一（一九四六）年生まれの娘には、この神社の名を頂き達子《たつこ》と名づけた。写真（一四六頁）にある我が家の三角風のデザインの屋根の下の部屋でピアノを教えていたのである。

この家はその後、母とともども米沢を離れることになって、米沢警察署の署長官舎に移譲した。父が建てた米沢の我が家の歴史を『公舎物語接収家屋にまつわる証言』と題し平成十三（二〇〇一）年に私家版として本にした。その公舎は現在、民間の方が住んでおり（法律関係の方と聞いている）、平屋建てに変貌した。元の姿の我が家は『公舎物語』に写真で掲載しており、見た目にはかなり高い二階建ての大きな家にみえる。二井宿村の山持ちの島津六朗兵衛という方が二階までつっ通しの柱を、棟を高くする意図で寄進された、と『公舎物語』に記してある。この公舎の解体の知らせを受け、米沢へ行き二階に上って天井など見回しているうち、この二階の座敷で興譲館の学生二八・二九年度生の二十数人が会食し歌を歌ったことを思い出すと共に、壁づたいの欄間のデザインの富士山、竹林、三保の松原の彫刻が気になった。しばらく眺めていたら、東京へ持って行かれたらとのことで、思いもかけず欄間の東京宅への移転となった。

この欄間は現在の我が家（二〇〇八年新築）の茶の間のふすまの上三方に再生されている。現在の我が家は東京都豊島区南長崎（西武池袋線の椎名町駅近く）だがここに移ってくるまでは、同じ豊島区ながら東長崎におり、欄間は納戸にしまってあった。東長崎の家は教え子方、といっても六十代から八十代の方々だが、彼らが我が家に来られて合唱ができるようにと、主人と娘の意に反して、細長い地形で四十人以上が集える家であった。三つの欄間は、米沢警察署長官舎が取り壊された昭和六十三（一九八八）年に届けられた。ピアノの部屋と応接間と和室として縦長に三つの部屋が並んでいて、興譲館出身の方々が毎年のように来宅され、あの時教わりし歌を歌い、合唱する宴会を催していたのだが、米沢の旧宅から移送された欄間のことはすっかり忘れてしまっていた。東長崎から現在の南長崎に転居する際、とんと忘れていた欄間が出てきた。その欄間のおかげで現在の家は、二階建てながら天井が高く、一見三階建てのような外見となっている。応接間の窓には音符のガラス彫刻、また娘の部屋のドアガラスに、彼女と一緒に出掛けたアジア諸国の楽器の数々（エジプトのウードやタイの木琴等々）とインドネシアのボロブドゥール遺跡など、音は出ないものの、そうしたデザインで音楽環境の家らしい工夫がしてある。

新宅の門、玄関正面

門を入ってすぐの右側の窓に
ト音記号や音符のデザインの
窓ガラス

昭和60年購入の日産ローレル。運転は娘のみ。週末に愛知教育大の勤めから東京に戻った時、また、主人のゴルフ場送迎に動かすだけ。それが平成20年に請われて移籍した東京の大東文化大に車通勤、埼玉、東京両キャンパスへ。走行距離15万km。

旧宅２階建てのままの警察署長公舎の玄関前に駐車のローレル。米沢への車旅行はこの時のみ。

東京から米沢へこの車で東北自動車道を４時間で途中休憩なしで一気に突っ走ったことが思い出される写真。母ちよの納骨に、菩提寺の法泉寺に行った時のことです。主人は免許を持たず、私は助手席で、後部席から娘が、追越し車線ばかりで、またスピードを出して道がすいていたこともあり、走行車線に戻らないため、大きな声で、走行車線に戻れ〜、法律家（弁護士）のメンツをつぶす気か！　と怒り出し、娘との言い争いのうちに栗子峠を越して、ビッキ石の近くのそば屋まで。車を降りたら、私も主人も足がヨロヨロ。旧宅がまだ平屋になる前の時。

右より　夫・坂上吉男、母ちよ、娘・達子

誕生百日

小学校六年（十二歳）

女学校四年（十六歳）

昭和二十年四月十五日

居間でくつろぐ父・滝沢茂雄と母ちよ

公証人時代の夫・坂上吉男

山形大学工学部音楽班OB会　昭和61年５月24日
山形大学工学部校舎を背景に男性は山大音楽班ＯＢメンバー、
女性は東高など私が教えた方々もご一緒に活動したメンバーの面々。

1 9 4 8

# 第23回定期音樂會

## プログラム

主催　米澤工專校友會音樂班

日時　10月29日（金）午後1時半
　　　10月30日（土）午後6時半

場所　米澤工專講堂

合唱……米工專音樂班合唱部員

指揮……石井和三

器樂合奏

指揮……横山康吉

フルート……富田達德

クラリネット……渡邊功

第一ヴアイオリン……松本浩二

第二ヴアイオリン……竹田信一

ヴイオラ……玉上輝夫

セロ……石井和三

ピアノ……蓮沼賢二

絃樂四重奏

第一ヴアイオリン……松本浩二

第二ヴアイオリン……竹田信一

ヴイオラ……玉上輝夫

セロ……石井和三

指導・ピアノ伴奏……瀧澤美惠子先生

### 第一部

1. 男聲コーラス

凱旋……ヘンデル

Groria……モーツアルト

2. ピアノ獨奏　笹川希也

メヌエツト……パデレウスキー

3. 獨唱　柿崎實

さらばナポリよ……ナポリ民謠

二人の精兵……シユーマン

4. 器樂合奏

ゴーイング・ホーム……ドボルザーク

月光の曲……ベートーベン

5. ヴアイオリン獨奏……玉上輝夫

ジヨスランの子守歌……ゴダール

6. 混聲コーラス

日ぐれの花……下總皖一

いろは歌……信時潔

ハレルヤコーラス……ヘンデル

――休憩10分――

### 第二部

1. 男聲コーラス

狩人の合唱……ヴエーベル

鍛冶屋の合唱……ベルデイー

2. ピアノ獨奏　横山康吉

ワルツ OP. 69 No. 2……ショパン

3. ヴアイオリン獨奏　松本浩二

レゲンド……ヴイエヤクスキー

オリエンタル……クユイ

ロマンス.ト調……ベートーベン

4. ピアノ獨奏　蓮沼賢二

舞踊への歡誘……ヴエーベル

5. 絃樂四重奏

絃樂四重奏曲 K－387……モーツアルト

I. アレグロ　II. ロマンツ　III. メヌエツト　IV. ロンド

6. 混聲コーラス

祝婚歌……バグネル

別れの曲……ショパン

舞踊への歡誘……ヴエーベル

拙著『墨の彩』14頁「菊」より

# ひなぎく会コンサート

## —私のピアノ事始め なぜか家にピアノがあったから—

### 「ひなぎく会」の名前の由来は—

私の名前は学生時代（小学校から東京音楽学校）、きくちさんと呼ばれていた。

母ちよの旧姓が菊地で、弁護士であった父、滝沢茂雄と結婚し、滝沢ちよであったのが、戦後のどさくさの中、一時期ゆえあって父も菊地姓を名のっていたのだが、ある時期、滝沢に戻り、私も滝沢美恵子となった。それで昭和20年に当時米工専に勤めていた坂上吉男と結婚し、坂上美恵子となったのだが～興譲館に勤めることになった時、どういうわけか滝沢美恵子で紹介されてしまった。この姓名に関しては少々混乱する経緯が起こってしまった。以後、私は滝沢姓で、皆さんには、さかうえみえこが私の正式戸籍名であることを知られることなく今日までおつきあい頂いているわけです。この姓のことはまたまた娘の達子に関することまで続いてしまいました。達子は本来、坂上達子であるわけですが、父・茂雄が亡くなって母ちよがその後、米沢の女性第一号の市会議員となり～いろいろあって私の娘を滝沢姓に登録。かくして娘と私は姉妹関係なのです！

第１回ひなぎく会　於　興譲館講堂　昭和21年

向かって中央着物姿の私の左の女の子、タータンチェックのスカートの生徒の愛称がマーウちゃん。お母さんがハンガリー人、お父さんが山形大学のドイツ語の先生。レッスンでうまく弾けないと、「あのね～、このオテテがもうひけない～っていっているの～」といって、しばしばストップ。このお姉ちゃんにただついてくる妹は、順番待ちの他の生徒たちの興味のマト。髪の毛がちぢれっ毛、皆さわっては伸ばすが、またクルクル。愛称がプぺちゃん。写真に写っていないが――ハッチャヤケプぺちゃんがなつかしい。

前列５人の女性（左からすわって４人目が私）のうち、私を除いて生徒さんたち。５人ともその髪型がサザエさんスタイルなのがなつかしく思い出される。男の生徒は、歌を習いに来ていた。童謡なども教えた。背景の建物は、山形大学工学部校舎。

第３回ひなぎく会　於　興譲館講堂
前列の男性は興譲館の理科の先生。
シューベルトの歌曲など歌のレッスンに通われていた。

第５回ひなぎく会　於　興譲館講堂
向かって中央、私の右に立っているのが娘・達子。楽譜を読むのが苦手で、私ではなく弟子の武蔵野音大卒の粟野さんにあずけた。

全盲の生徒さんも教えていました。付き添いで来られた男の子が我が家の門の石にこしかけその女の子のレッスンが終わるまで、他の生徒さんの時間もじっと聴いていたのが思い出されます。

この第五回のひなぎく会の写真から旧宅（我が家は昭和63年まで一四五頁の写真にあるように2階建てでした）の門が思い出されます。

この旧宅は昭和20年に亡くなった父・滝沢茂雄（弁護士）が建てたもので、米沢に駐留していた米軍に接収され、和室に木のドアなど改造されたのだった。で―その後、米沢市第一号の女性市会議員となった滝沢ちよが世帯主となったが、私共のいる東京に移ることになり警察署公舎となった。

# コール・パッションコンサート

## —興譲館を去ってもなお—

## コール・ユーベルジンゲンの芽ばえ

第１回コール・パッション発表会　昭和27年10月

第２回コール・パッション発表会

米沢を去って後、プライベートに合唱を続けたいという興譲館と東高の合同のコンサートをすることになりました。思えばコール・ユーベルジンゲンへと連なるその発端と思います!!

コール・パッションの名称は―コールは合唱、パッションは情熱、男性メンバー仲間で考えた。
（遠藤、篠原、今崎、沢、新野…）

昭和24年　中山悌一夫妻演奏会

拙著『興譲館音楽事始め』（平成19年刊　私家版　不忘出版）39—45頁（次頁の諏訪根自子、巌本真理—共にヴァイオリンを含め）からの写真。

当時著名な音楽家を興譲館講堂で演奏して頂きたいと構想し実現するまでの経緯は音楽クラブ、とりわけ部長の篠原守信さん（後に医師）たちのサポートなくしては困難、苦労を越えることはできなかったと思い出される。

クラシック音楽の普及〜といった意識は当時の私には、そう構えたつもりはなかったが、昭和20年代の戦後、軍歌の社会状況にあっては西洋クラシック音楽は若い世代には新鮮だったとは思います。

音楽クラブの写真（カラーではない）とプログラムを見ると——篠原守信さんがショパンのワルツ、遠藤公夫さんがベートーヴェンのロンド、遠藤さんはシューベルトの歌曲も、また、山口由蔵さんもアルプスの夕映え（エステン作曲）のピアノ独奏。

今思い出してみると、3人ともまた皆よくできていた！——ですよ!!　ピアノは鍵がかけられていて教員しか使えないことになっていましたが、私はいつも鍵はかけずにいましたので〜おそらく皆、お互いに一生懸命練習を重ねていたと思っていました。よく弾けていました!!

諏訪根自子
ヴァイオリン演奏会

ヴァイオリン独奏
巌本真理氏

ピアノ伴奏
野辺地《のへじ》瓜丸《うりまる》氏

興譲館講堂にて

前列左から３番目
千喜良校長
８番目　私

# —米軍駐屯時、ボーガン隊長による米沢文化振興会に呼ばれて—

## 〈昭和21年4月当時、旧私宅が接収された〉

後列左より２人目藤田博氏　興譲館英語教師　私が中央のボーガン氏の右側

前列左端が私。
前列右から4人目の
和服姿は母、滝沢ちよ

米沢警察署長官舎は旧宅の２階建てから右下絵の平屋となった。現在は奇しくも弁護士宅に。

黄色の表紙カバー　平成13年刊
上杉家霊廟　このカバーのために作画
水墨画　画号　星夜

正面玄関

昭和６年から63年まで現存した板塀

我が家が米沢警察署の署長官舎（公舎）に売却することになり、父・茂雄が米沢で弁護士として過ごし、私の幼少時、かつ音楽学校、結婚、また興譲館に勤め、かつこの家の応接間でピアノを教えていた頃の家にまつわる話を本にまとめた。この我が家が取り壊されて平屋建てになり公舎となった（ブルー色の表紙の絵）。

接収された私宅。隣は神達神社。
その境内での町内会の祭礼記念写真。
前列左から４人目、洋服姿の滝沢ちよ、前列右端、達子。
達子の名は、この神達さまからの名前とした。

# —出会いは更にめぐりめぐりて—

## 娘の出会いの輪に包まれて

明けまして御目出度うございます。平成元年はすばらしい年でした。皆さんから頂いた私に良く似た太目で安定感のある三平さんのこけしコール・ユーベルジンゲンのマスコットにします。童女というのがいいですね未来があります。ありがとう

平成二年元旦

滝沢美恵子

美恵子

—その漢字に込められた意味

【美】羊は生活の衣食住の全てを与えてくれるために、神にたとえられ、神のごとき大きな心を持つという。
また、犠牲としての牝《め》羊《ひつじ》の成熟した羊の美しさをいう。

【恵】旧字・恵は紡錘《ぼうすい》を下げた形。相手をふっくらと抱きこむ心のこと。
人を優しく包み込むことから、〃めぐまれる〃より〃めぐむ〃の意。

【子】大人と比較して、幼児の手足が短く、頭の大きい姿を描いた象形。もとは王子の身分を表す。

(仙台の和田美知子さんのお便りから)

**美恵子の象形文字とその意味をお教え頂きました。**

私の恵という名前は　―めぐまれるよりめぐむの意だそうですが―　私自身は、これまでの皆さんとの出会いを顧みますと、めぐまれた人生という思いのほうが強いです。

　ホテルニューオータニでの集まり、その後コール・ユーベルジンゲン合唱の集い、写真の皆さんのお顔、おひとりおひとり数えてみましたら百人以上の方々に参集頂きました。

　その後、喜寿、傘寿、米寿、卒寿の祝いコンサートをして頂き、福島のブリティッシュ村での一泊旅行、東京銀座ビアプラザでの合唱、憩いの場、また興譲館卒業のクラス会等々にお招き頂き、沢山の方々から「恵　めぐみ」を頂いて参りました。そしてこの出会いの輪は更に広がりました。

　先日思いがけずシンガポールから国際電話があり、娘が所属していた国立シンガポール大学での知人から、コロナ禍の状況について日本語で、「オカアサンダイジョウブ？　シンガポールタイヘンヨ～」「タツコセンセイノオカアサンイクツ？　ダイジョウブ？」と、たどたどしい話し方。娘は一九八六―八七年、大学の研究室で多民族社会の音楽事情研究で当地にいた30数年前も前の友人。そうそう、思い出しました―娘が趣味で始めた一弦琴、モノコードとして日本研究科の学生に紹介し、娘が忙しくなって私がこの一弦琴を習いはじめ、6回もシンガポールへ行き、そのたびにこの一弦琴を学生に聞かせたこと、また、娘を介してこの楽器に興味をもった小学校の先生が六つもの手づくり一弦琴を製作、子供たちがこれで落ち着きのある子になった、という話。思い出しました。

　出会いの輪、思わぬ形で広がったという思いがあります。

# 音楽に導かれてふしぎな出会い

左から木下保先生の三女の増山歌子様、水谷達夫先生の長女の石川百合子様、信時潔先生のお孫様、滝沢美恵子

東京藝大音楽学部アーカイブ史料室内で筆者（二〇一四年）

私が昭和16年3月に卒業し、それから73年目に、偶然母校のアーカイブ史料室で、東京音楽学校の受験時から卒業の間にお世話になった恩師の声楽科の木下保先生、ピアノ科の水谷達夫先生の娘さん方と作曲科の信時潔先生のお孫さんにお目にかかるという天佑が実現した写真である。

（2014年9月）

# 皆さんとの〝出会い〟に導かれたドキュメント（記録物・書籍ｅｔｃ．）

次に記すドキュメント類は、いずれも私家版ですが――それらが刊行されることになったその背景には、皆さんとの出会い、めぐりあい、ご支援、ご協力があったればこそ、成就できたという想いを深く感じております。以下に年次順にリストアップして、その内容を簡単に記してみます。

**○平成三年　『想い出の記』**

表紙カバーに、こけしが沢山並んで、あたかも合唱しているよう（米沢在住のこけし制作者の山中三平氏作）です。内容は、米沢東高の音楽の恩師のこと、何人かの音楽生活などの寄稿文集。

**○平成五年　『青春讃歌』**

米工専、興譲館、東高生の寄稿集（既述）。

**○平成十一年　「墨の彩―すみのいろ」**

60歳から始めた墨絵。音楽学校時代の友人と卒業後日本全国を旅行した折の風景画、娘が研究のために出張したシンガポール国立大学（一九八六―八七年）や、フルブライト助成シニアフェローシップでの米国ワシントン大学、ハーバード大学（教育学）、またユネスコ傘下の国際音楽教育学会への発表出張に同行した折の風景、さらにフランス人類学博物館民族音楽研究部（エッフェル塔近く）に所属していた折に訪問した時に見聞した街並み等々（中国蘇州の風景ｅｔｃ．）、約60頁にまとめた。

**○平成十五年　「墨の彩」**

掲載の画の一部と、新たに描いた画を加えてカレンダーを、各月ごとメモ書きを入れる袋つきのスタイルで、傘寿の集いの後の懇親会（於　上杉城史苑）で、皆さんに御祝い頂いた返礼として差し上げた。その原本が残っていたので、一五五―一五七頁に縮小版を載せた。

**○平成十九年『興譲館音楽事始めの記』**

音楽クラブのこと、東京から有名な音楽家たち（諏訪根自子、中山悌一ｅｔｃ.）を招いた際、思わぬ音楽マネジメントの妨害にあい、しかし、部長の篠原さんと何とかコンサートを実現した苦労が思い出される。

**○平成二十八年『音楽に導かれて―桜咲き黄葉の時まで―』**

私の生い立ち、音楽学校時代のこと、コール・ユーベルジンゲンから卒寿までの音楽会のこと、娘に同行した外国旅行（カナダでオーロラを見、犬ぞりに乗ったことｅｔｃ.）について訪問した国の地図、訪問国46の国・地域のリスト集等々、写真も掲載した。山形大学名誉教授の金山等さんが、個人史を越えた社会的歴史記述と書評下さり、山形新聞に、県立図書館より献本の依頼を頂き、また市立米沢図書館にも寄贈した。

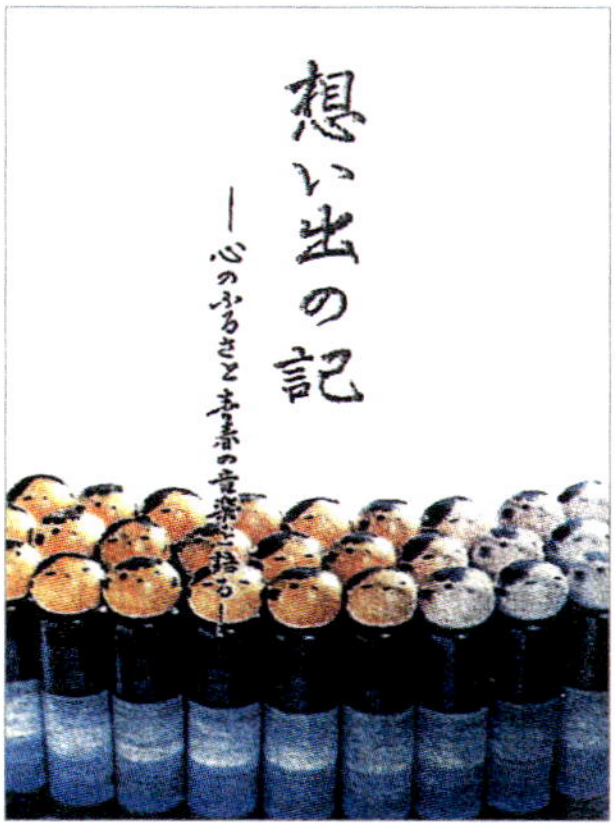

# 『青春讃歌―青春・音楽・先生・仲間』発行
## ―青春の音楽体験をメモリー、記憶・記録に残すべく寄稿集が刊行されました。

平成５年９月10日発行編集
発行　篠原守信　印刷永井印刷㈱

米工専（山形大学工学部）・興譲館高校・米沢東高校の方々、コール・ユーベルジンゲンコンサートに結集したあのときの音響の和、共鳴につつまれたホール、会場から何人もの仲間が登壇してきて、「ふるさと」を大合唱したあの時の感動を記録に残したい―と篠原守信さんが中心となって、50数名の仲間たち、それぞれの音楽についての想いがつづられている『青春讃歌』。私への讃歌というより、それぞれ若かりし頃の音楽との関わりについての―〝熱き想い〟が記されています。

# 趣味との出会い（墨彩画）

　六十歳の時、墨絵を習っているタミちゃんという小学校の幼馴染の影響で、教室に通いはじめた。はっきり憶えていないが筆づかい、ぼかしなどの基礎を学んだ。思い出してみれば、東高の二年の時、鯉の墨絵を描いて表彰されたことがある。また四年の時にも、筆で和歌を書いて表彰された。弁護士だった父は字が上手で、毎年正月に筆文字を教えてくれたものだが、そのおかげかと思ったものである。墨絵を描くようになったのが六十歳の時、それから十七年続けていた。今般、百歳過ぎていろいろ整理したら、大判の額に入ったものなど、富士山、蔵王の姿、赤富士、紫の彩色による桔梗、また外国の風景（トルコの寺院など）の作品が十数点と掛軸、小さいサイズのものなど三十点以上が納戸から出てきた。平成十五（二〇〇三）年に、この墨彩による月毎のカレンダーを作り、教え子方に差し上げた。また『墨の彩』と題する小冊子を作ってみた。納戸から出てきた物、いってみれば作品群をどう処理するか、一点一点娘が点検しているのを見ていて、墨絵を描いている時は意識していなかったことだが、筆さばきの感覚を思い出した。筆を空中にはね上げる時などの、その瞬間瞬間の脳裏に想起される不思議な感覚である。それはどうも遠い過去、私の北海道師範の教員時代にあった、校長による昼食後の、いわば瞑想の時の空気感に通ずるのでは、という気がしてならない。

　理解しがたいことともいえるのだが、校長の府瀬川《ふせがわ》熊司《くまじ》先生は、三十数人の先生方（私の所属していた女子師範の教員は六名が女性、他は男性）全員に昼食後、目を閉じ両手のひらを上に向けるよう命じた。熊司先生は呪文のような言葉を発しながら、指先で一人一人の手のひらに数秒間グルグルと円を描く動作をするのだった。同じことを毎日行って、いうなれば精神の集中を促していたのではないかと思う。誰か男の先生が文句をいうのではと見ていたが、意外にもそういう声はなく、むしろ生徒に応用してみたら、クラス全体が穏やかになって役に立ったという話もある。私はその時は半信半疑でいたが、何年か前まで取り組んでいた筆絵制作の折の、自分の筆先への集中力を思い返してみると、あの折の手のひらのグルグルの意味深さを改めて認識させられる。

熊司先生と関連してついでながら、同じ北海道師範の女子校の校長の名前が西村虎之助先生だった。男子校が熊先生で女子校が虎先生というわけである。お二人とも背は一八〇㎝くらいで、ガッチリ体型だった熊先生は坊主頭でやさしげ、一方の虎先生は七三分けの髪型でしゃれたメガネの細身の体型ながら少々気むずかしい方で、勤務年限が来て私が故郷に帰る際の後任人事に手間どったようである。

墨絵に興味を持つきっかけとなったタミちゃんこと小嶋民子さんと、平成十一（一九九九）年六月、よねざわ市民ギャラリーで五日間の水墨画二人展を行った。作成した小冊子『水墨画二人展』で二人の画風を比べてみると、タミちゃんは対象物、例えば風景の橋や建物の輪郭をスケッチの如くハッキリと表しているが、私はその物をハッキリと描くのではなく、最初に置いた筆の墨が段々薄くなったり、かすんできたりと微妙な筆づかいで、自分の心しだいが筆先に伝わっているようである。

今は墨絵を描くことはやめているが、忘れていたこの沢山の墨彩の絵、どうしたものか、興譲館に寄贈するか、また滝沢の菩提寺の法泉寺に引き取って頂くか等々、目下思案中にある。

娘が私の墨彩画を前に、素人ながらこんなに作品が数多くあるのだから、どこかで展示会のようなことを考えてみたら、とアチコチ、画廊などを捜したようだ。いろいろと整理している内に、二十年前に同郷五人展を行った時のＤＶＤが見つかった。内容は私の墨彩画や陶器の展示会が東京銀座のアートギャラリー大黒屋で行われた映像である。思いついてこの大黒屋に連絡してみたら、十月十四日からなら一週間、場所が空いているというので、そこで二十年ぶり、今度は一人での展示企画に挑んでみることにした。

仮題に墨の専門家ではないけれど、おこがましいが「百歳を越えての記憶と記録」として墨彩画の大型の富士山、蔵王山などの他、小型のものとして果物や花、竹の展示を企画した。なお、写真を掲載しているが、平成十一（一九九九）年十一月に『墨の彩』と題した画集を私家版として作成している。

1月 白銀の富士

2月 上杉雪灯籠

3月　白梅

4月　しだれ桜

5月　藤

6月　藍紫陽花

7月　ほおずき

8月　夏のなごり

9月　秋桜

10月　収穫

11月　晩秋

12月　陽は昇る

# バオバブの木に寄せて

マダガスカルのバオバブ
アラビア語でブー・フブーブ
（種が沢山）の謂れ

娘が一九九八年、文科省の助成を得てフランス民族学博物館へ研修に出掛けていた時、縁あって知り合ったマダガスカルの研究者に誘われ同行した。

マダガスカルでバオバブという何ともユニークな姿の樹に出会いました。英語ではアップサイドダウンツリーと言うそうで、木の根っこを引き抜いて逆さまにした上下が反対のような姿の樹というのです。

ここまで過去の写真、資料を整理し、終章に近づいてきましたら、この写真集の最初の方に載せるべき、私の最初の勤務校―札幌女子師範学校と男子師範学校の2校の写真が出てきました。まさに最初と最後が逆のまとめ方になってしまったというわけです。

というわけで―私が東京音楽学校師範科を卒業し、文部省の命令でどこかに勤務することになるのですが、それが北海道札幌女子師範と男子師範というわけです。女子師範は新設校、男子師範は戦時下、准教諭の特設の生徒たち、当時私は20歳、学生と近い年、女の教師は3名、おなご先生という雰囲気の校風でした。米沢の家にあったピアノを、母ちよが札幌まで送ってくれたのですが、電報が来て「エスワスレタ」と打電。ハテ？　エス？　椅子を送るのを忘れた―というエピソードを思い出しました。

　というわけで、米沢興譲館におなご先生として勤務することになるわけですが、―図画と音楽どちらか選択の生徒たち、音楽室はまだなく、講堂に１００人位だったか多くの生徒が集まり、校長の千喜良先生がおなご先生を心配して扉の横棒のシンバリ棒をがらがら引っ張って見張り役。私は札幌で既に男子を教えていたので何とも不思議な光景でした！

（興譲館での男子授業は札幌の次、男子には慣れていたのですが、大変心配だったよう）

私の最初の勤務校
上　札幌女子師範学校　下　同男子師範学校
この２枚の写真は興譲館の頁より前に掲載すべきでした
－アップサイドダウンです。

# 御挨拶―樹々に重ねて

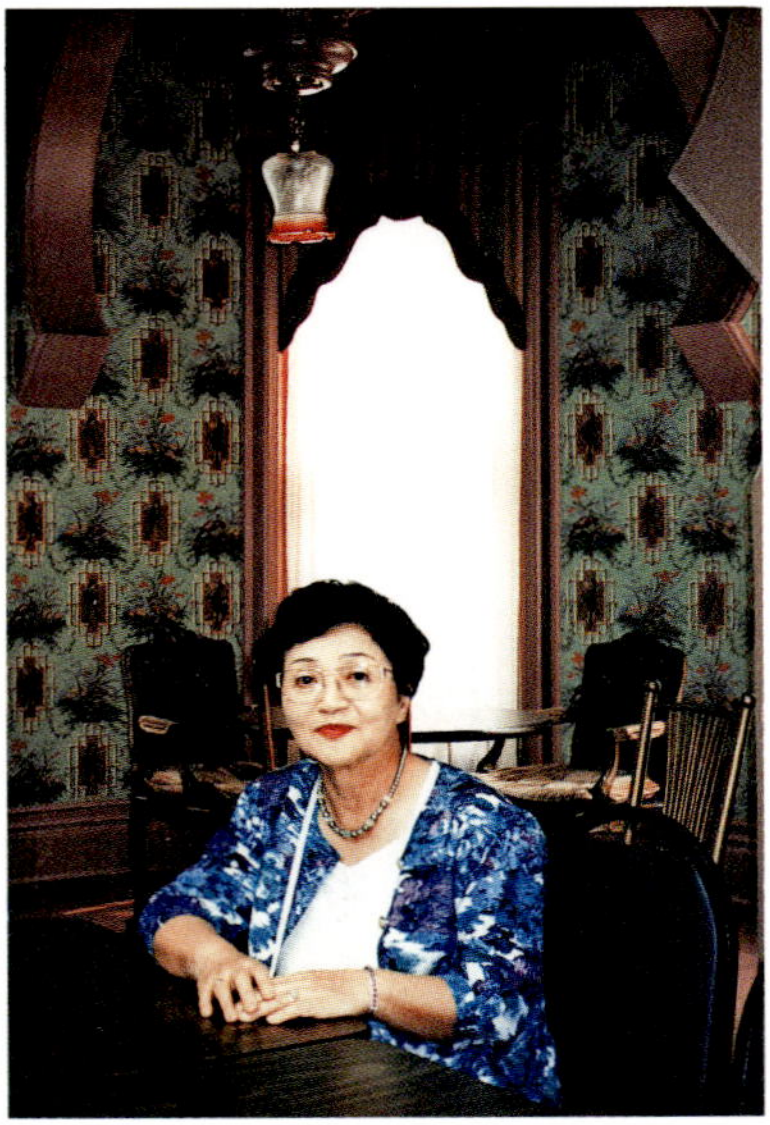

バオバブには年輪がなく、樹齢千年も生きるらしい。幹の中は空洞で水分が多く、乾季には葉を落とし蓄えた水分で雨のない時季をのりこえるという。白くて大きな花、木は悠々閑々、どっしりと構え、ヘチマのような実がなり、ビタミンCやカルシウムが豊富で食べられる。木の空洞は時に住居ともなりうる―という何とも神秘的な樹であることを知った。

私の齢―白寿まであっという間の100年！　という思いにある。私の体型は少し太め、幹の空洞に貯めたものは―強いて言うなら「音楽の泉」というところでしょうか。私とのご縁で、音楽専門に進まれた方々が何人かおられる。また、この写真集をまとめて感ずることは、いうなれば、私が意図したわけではないが―何かことあるごとに、音楽をかなで、その音響世界の中で、言うに言われぬそれぞれの共鳴振動の感情あふれる快感をつかみとって頂いていたのではないか―と、バオバブの幹の中の水を音楽に重ね合わせてみた。

神秘の体験は―音楽学校合格発表の前日、浅草の浅草寺の屋根から鶴が飛び立った夢を見たこと。主人が1ヶ月意識不明の時、ポーランドで虹を見たこと。他にもあるのですが～実を申し上げると、私とご縁を頂いた方々のご健康と安寧な日々を、娘と共に参詣（文殊様や不動明王、観音様ｅｔｃ.）し、祈願しております。別に宗教にコッテイルわけではなく、出会った方々、ご縁を頂いた方々との絆、めぐりあい、つながり、また、この写真集には亡くなった方々も懐かしい思いをもって掲載し、いわば魂の神秘を念じて感謝申し上げたいと存じます。

ありがとうございます！　出会いに感謝!!

「落葉樹には常緑の木々にはない潔癖さがある。緑の衣装を失ってもバツの悪そうな格好はおくびにも出さず、堂々と立ちつくす潔さ。立ち止まってよく見ると枝ぶりに個性がにじんでいる。冬の厳しさに身をさらすことで強烈な個性が自然に備わるのか、花も葉もない今、それは一本の樹木だ。肌を刺す寒風に耐え、身を反らせて天を仰ぐ雄々しい樹木。戦いが壮絶だから春になると柔和な葉と花がつけるのだろう。葉は樹木の吐息なのかもしれない。若葉で全身を飾る春、樹木は苦しかった冬の時代を再び語ろうとはしない。静かな微笑みを浮かべて立っているだけだ。その穏やかな微笑を前にして、人々もまた激しい樹木の戦いを忘れる。最も大事な根を人目にさらさないように、苦しみは人に見せない。冬の落葉樹に国木田独歩が惹かれたのは、無言で耐えるひたむきさに打たれたからではないだろうか。その沈黙は雄弁だし、美しい」

「枯れて—生きる・生きて—枯れる・立派に枯れる為に—壮んに生きる」　毎日新聞記事から抜粋

# エピローグ

令和４（2022）年正月
百歳を迎える年

ふたたびの回想

# 私のピアノ事始め ―好きで音楽に進んだわけではないのです―

立町の盛文堂書店が、日本楽器（ヤマハ）の特約店となり、めぼしい家々にピアノのセールスにまわり、私の母ちよに聞くところによると、無理矢理にピアノ購入となったとのことでした。私が北部小学校の3年生の頃らしいのですが、6年生の時、下記に記す出来事が起こるまで約2年間ほど私の勉強部屋に、そのピアノは放置されていたのでした―全くそのピアノに触れていませんでした。それが―北部小学校にそれまでの足踏みオルガンからグランドピアノが新規設置されて、そのお披露目の音楽会が企画され、それで、どうも滝沢生徒の家にピアノがあるようだ…是非本校の生徒にその第一号としてピアノを演奏させたい～となって、私が全くピアノ経験なしなど学校側は知らずに、いきなり私に～となってしまいました。それで、東高の音楽教師だった旧姓中田先生が私宅に来られることになり、私からしたら、なんということか…2ヶ月という短期間の特訓を受けて、バイエル教則本の74番と89番をピアノ独弾、菊地美恵子として、もう一人2年生（経験あり）とともににわか仕込みでピアノ披露音楽会に出演したのでした。89番の付点音符がなかなかマスターできず苦しい思いをした記憶があります。

かくして私のピアノ事始めが思わぬ出来事から相成ったというわけです。その後、雲居先生が東高に赴任され、どういうわけか私宅の2階に下宿されることになり、いやがおうでも私のピアノ学習が継続、その後、東高に男性の日向先生が来られ、私は当時、東高ではスキーとバスケットに夢中で音楽にすすむなど思いもせず―しかしこの先生は母校の東京音楽学校に東高から誰かすすめたいということから、私に目をつけられ～というわけで、私の運命が東京音楽学校へと回転しはじめたのでした。

現役で合格とは夢にも思いませんでした。

中田先生の孫の梯剛之さんは全盲のピアニストとして今でも米沢でのコンサートなどで活躍されています。なお、中田先生は１０４歳で亡くなられましたが、東京三多摩合唱団の指導など生涯を音楽に捧げられました。私のピアノの手ほどきを頂いた恩師、いわば今日の私が音楽を通じて多くの方々との出会いの縁の方でした。

# 百歳を越えて

『音楽に導かれて』と『私の音楽人生フォトメモリー　大正、昭和、平成、令和をかえりみて』という二冊の私家版書籍を作成してから、齢《よわい》百を越した。これまで多くの方たちに支えて頂き、その心の温かさ、深い慈しみを感じながら過ごしてきた。直接お会いしなくても目に見えないながらも、それまで何やかやと私との縁をつむいで下さった、おひとりおひとりとの絆は、少々おおげさな言い方だが、決して切れるものではないという思いがあった。

しかし、コロナ禍によって人の心が凍てついてしまうという奇妙な現象が、そのような事態が白寿というお祝いのタイミングにふりかかってきた。日頃あまり物事に拘泥しない性格だが、人はこんなにも変貌するものか、自分が生きてきた世界とは別の世界になってしまったのか、とまで考えてしまった。しかし既述の通り、一方では救われる出来事もあって、人の縁はそう簡単に切れるものではない、と萎えそうになった自分を奮い立たせたのだった。

またその後、白寿の会にお力添え下さる予定だった、興譲館学生時代からのお付き合いの篠原守信さんが病に倒れた。状態が良くないということで、鎌倉在住の弟さんが、私の『フォトメモリー』をズームとかいう方法を使って病床まで映像で伝達して下さったとのこと。写真を見ながら篠原さんは頷かれた、という知らせを頂いて、私の音楽人生に新たなワン・シーンの贈り物を病床から頂いた思いだった。そしてまた、米沢とのつながりが次第に薄れていく思いも重ねて、ジーンと感じたのだった。

話は変わるが、娘と外国へ行くようになって、毎年の年賀状には訪れた国での出来事や風景の写真や話題を載せて、教え子さん方をはじめ数多く郵送していた。中にはその中身を愉しみに、いわばコレクションのようにキープしていた方もおられた。令和二（二〇二〇）年、往復ハガキでも年賀状として扱えることを知り、かつて皆さんからの原稿を集めて作った『青春讃歌』や『音楽に導かれて』の表紙、アメリカで出会ったピエロ姿の女性との写真等々を網羅したスタイルの賀状を郵送したことがあった。いわば多くの方々との出会いの集合という感覚を意図したアイデアであった。

ただこのところ、書きものを厭うわけではないが、小さな文字書きは厄介になってきて、人並みにそろそろ年賀状をやめる時にあるか、などと感じはじめている。

多くの人たちとの出会いの人生だったと懐古しているが、そろそろの年齢である。百歳を過ぎても、娘はこれまで私が描いた墨彩画展を計画しているものの、私自らの行動は限界が近づいている。また、米沢との縁も、残念ながら薄らいできている。

米沢の菩提寺、法泉寺は米沢上杉家と関係ある由緒ある寺である。弁護士の父・茂雄、元市会議員の母ちよの墓がある縁で、この寺の四百年祭に頼まれて「法泉寺開創四百年記念奉賛歌」（三百年の時の曲を基に改編）を作曲し、教え子方と合唱した。

ただ、私どもの滝沢家は後継者がいないので、ここで区切りをつけ（米沢を去って）、墓じまいをし、たまたまご縁を頂いた東京・上野公園奥の寛永寺に永代供養として移転することにした。寛永寺は東京藝術大学音楽学部のすぐ裏手にあり、お話によれば、この永代供養墓は平成二十二年に光明閣として建立されたという。この年は偶然にも、私の米寿の音楽会を、藝大キャンパスから上野公園に移築されたコンサートホールの奏楽堂で行った年にあたる。そういう奇縁あるお寺であることもわかった。米沢の墓を上野寛永寺に移すことができるという状況には、ただただそれこそ何かの導きを感じざるを得ない。

寛永寺は、比叡山延暦寺（天台宗）が総本山であるという。それを聞いて、私と母と娘とで昔、延暦寺の根本中堂に参詣したことを思い出した。寛永寺の正面にも根本中堂がある。娘が言うには、私の米寿の会の折、教え子三人とここに音楽会の無事を祈念しに訪ねたことがあったという。その時の写真もある。

このようなめぐりあわせにまたまた、目に見えない何かの法力が私を導いてくれている〝不思議〟を感じてしまった。

傘寿の祝いとしてから九年、昭和六十年購入した日産のローレルに乗っていますが、昨年富士山麓の南箱根ダイヤランドの坂でエンスト、遂に廃車かと考えたことがありましたが、三日後に部品がみつかり、運転可能となり新しい年「令和」も引きつづき達子と共に新しい時代の文化を楽しませてもらおうと望みを託しています
皆様の御健勝と御多幸をお祈り申上げます。

滝沢美恵子

# 令和二年

青春讃歌

青春 音楽・先生 仲間

謹んで新年のお祝いを申上げます

平成二十九年元旦

九十才の年ばとなりました
また大学つとめの
達子と共に
川崎のお不動様に
月まいりに出かけて
います 一日を大事に
過しています

コールユーベル・ジンゲン合唱の会、米沢市民会館
昭和六十四年一月五日(平成元年)

滝沢美恵子

平成二十八年発行

昨年の傘寿の祝いの御厚情心から感謝申上げます お陰様で元気に過しております 本年もよろしく御願い申上げます

平成25年1月1日

## 白寿を迎えて来し方を想う

明けましておめでとうございます。
古稀を迎えますことことて、稀なる衣装をまとうてみました。
かわいい帽子が気に入ったのですが、ファミリーコンサートの予告編と思って下さい。
又楽しい年に致しましょう。

滝沢美恵子

賀寿 孔子の言の而立・不惑・知命・耳順・従心の最後に到達してまだまだ人生勉強の半ばだと自覚します
昨年訪れたフロリダのリゾート地でこんな愉快な同年代のお仲間をみつけました。底ぬけに明るいヤンキー魂、まわりの人に楽しさをサービスして"若きはうるわし、老いたるは尚うるわし"の意気で過しましょうと思います。
皆様の御健康と御多幸をお祈り申上げます
平成七年一月 滝沢美恵子

恭賀新年
新居での初めてのお正月
本年もよろしく御願い申上げます昨年のイタリアの旅は中国あつてした皆様の御健勝をお祈り申上げます
平成二十年 元旦

# 法泉寺開創四百年記念奉賛歌

黒　木　克　堂　　作詩
瀧　澤　美惠子　　作曲

＊著者略歴

## 滝沢美恵子（たきざわ　みえこ）

一九二二（大正十一）年東京生まれ。一九二八（昭和三）年、父の郷里・山形県米沢市に転居。県立米沢高等女学校（現・米沢東高等学校）を経て東京音楽学校（現・東京藝術大学音楽学部）師範科に入学、一九四一（昭和十六）年卒業。北海道女子師範学校、東京第一高等女学校（現・白鷗高等学校）、米沢工業専門学校（現・山形大学工学部）音楽クラブ、山形県立米沢興譲館中学校（現・米沢興譲館高等学校）などで教鞭をとる。夫（検事）の勤務の都合で東京に移転後、台東区竜泉中学校、練馬区中村中学校に勤務し、一九七三（昭和四十八）年、五十一歳で退職。

本書は、『東京音楽学校の思い出　音楽に導かれて　桜咲き黄葉の時まで』(2016年7月刊、私家版）および『私の音楽人生フォトメモリー　大正、昭和、平成、令和をかえりみて』(2020年9月刊、私家版）を再編集し、加筆したものである。


音楽《おんがく》に導《みちび》かれて

著　者　滝沢《たきざわ》美《み》恵《え》子《こ》

発行日　2024年12月25日

発　行　株式会社新潮社 図書編集室
発　売　株式会社新潮社
〒162-8711　東京都新宿区矢来町71
電話　03-3266-7124

編　集　滝沢達子
データ協力　永井印刷／不忘出版
装幀・レイアウト　中村香織
印刷所　半七写真印刷工業株式会社
製本所　加藤製本株式会社





ISBN978-4-10-910295-7 C0095